犯罪心理学

FANZUI XINLIXUE

◎ 孔祥娜　编著

http://www.hustp.com

中国·武汉

内 容 简 介

这本书主要介绍了犯罪心理学研究的经典理论,影响犯罪心理形成与发展的外因(包括犯罪的时空因素以及家庭环境、学校环境和社会文化环境等因素)与内因(包括犯罪的生物学因素和犯罪者的需要、动机、人格特征、智力、情绪、道德等心理因素),女性、青少年和老年人等群体的犯罪心理,以及暴力犯罪、性犯罪、变态心理犯罪等犯罪类型,最后简要介绍了犯罪心理画像技术。本书的适用读者群是广大的犯罪心理学爱好者以及大中专院校应用心理学专业的学生。

图书在版编目(CIP)数据

犯罪心理学/孔祥娜编著. —武汉:华中科技大学出版社,2019.5(2022.1重印)
ISBN 978-7-5680-5256-6

Ⅰ.①犯… Ⅱ.①孔… Ⅲ.①犯罪心理学 Ⅳ.①D917.2

中国版本图书馆 CIP 数据核字(2019)第 099512 号

犯罪心理学　　　　　　　　　　　　　　　　　　　　　　　　孔祥娜　编著
Fanzui Xinlixue

策划编辑:郑小羽
责任编辑:赵巧玲
封面设计:孢　子
责任校对:阮　敏
责任监印:徐　露
出版发行:华中科技大学出版社(中国·武汉)　　电话:(027)81321913
　　　　　武汉市东湖新技术开发区华工科技园　　邮编:430223
录　　排:华中科技大学惠友文印中心
印　　刷:广东虎彩云印刷有限公司
开　　本:787mm×1092mm　1/16
印　　张:9.5
字　　数:236 千字
版　　次:2022 年 1 月第 1 版第 5 次印刷
定　　价:40.00 元

本书若有印装质量问题,请向出版社营销中心调换
全国免费服务热线:400-6679-118　竭诚为您服务
版权所有　侵权必究

作者简介

孔祥娜,心理学硕士,湖北科技学院教育学院应用心理学专业教师。讲授过心理学史、生理心理学、变态心理学、犯罪心理学、普通心理学、教育心理学等多门专业课和公共课。共主持过3项厅级课题和2项市级课题,公开发表论文16篇,参编教材1部。主要研究领域为农村青少年教育与发展、留守老人心理健康等。

前言

人是具有社会属性的生物。跟其他动物相比，人更具有智慧，更懂得遵守秩序、互惠互利。不同时代的人都制定了一些规范、规则供大家遵守。当这些规范、规则变成了统治阶级的意志，需要依靠国家力量强制推行的时候，就变成了法律。人们需要遵守法律、法规，这样才能保证整个社会有条不紊地运行下去。

不管在什么年代，总有一些人，面对严酷的法律制度，仍然会做出越轨的行为。他们是一时冲动忘记了将要面临的惩罚？或是根本就不知道自己行为的后果？或是知道后果但是不怕后果？在多年心理学的学习和教学生涯中，我经常思考这些问题，也常和学生交流讨论。现在，终于有机会将多年的思考汇集成册。

梅传强、刘邦惠、熊云武、罗大华等多位学者都曾经主编过《犯罪心理学》。他们的教材既涵盖了全面而丰富的犯罪心理学知识，又具有个人的写作特色。在他们庞大的知识体系面前，仅有心理学专业背景的我感到惶恐。可以说，本书仅代表我个人的工作心得。

幸好本书也有它的价值所在。第一，本书选择了一些能反映我国国情的主题，如农村留守儿童的违法犯罪问题、农村老年人的犯罪问题。这些问题是与我国农村特殊的经济、文化发展情况密切相关的，也是国内学者们比较关注的主题。第二，本书选择了一些近年来受民众关注较多的犯罪问题，如家庭暴力和儿童性侵害。这些问题一直存在，但由于社会习俗以及法制不健全等原因，受害者长期处于"失声"状态。近年来，随着妇女儿童保护工作的开展，这些隐匿的问题被一一揭开，大家开始面对这些问题，试图解决这些问题，犯罪心理学的研究中也有了这些问题的一席之地。第三，对每一个犯罪问题的解释，既关注了社会因素，更重视了内部的心理因素。每种犯罪行为的产生都是多种因素交织的结果，由于我的专业背景是心理学，因此对犯罪行为背后的心理因素会格外注重。

人性是复杂的。每个人在时代的巨轮面前，有欲望，有诉求，但这些欲望和诉求需考虑他人的利益。在不侵犯他人利益的前提下，我们尊重个人欲望的满足。若为了一己私欲而伤害他人，就要承担相应的后果。希望本书的每一位读者都能领悟到这个道理。

由于我的能力所限，本书并没有涵盖犯罪心理学中的所有研究主题，这是一个很大的遗憾。在对这些有限的主题所做的论述中，错误、疏漏之处也在所难免。种种不足，令人惭愧。希望拙作出版之后能得到读者们的批判、指正。

此书能得以出版，需要感谢湖北省人文社科重点研究基地"农村教育与文化发展研究中心"、湖北科技学院教育学院、湖北省教育厅人文社科一般项目"有'留守经历'大学生的心理资本研究"(18Y133)的资助；感谢湖北科技学院教育学院黄知荣院长、吴亚林教授的帮助和鼓励。他们谦逊的处世态度和孜孜不倦的学术精神永远值得我学习！

作者

2018年12月于湖北科技学院教育学院

目　　录

第一章　导论 ………………………………………………………………（1）
　　第一节　犯罪心理学概述 ……………………………………………（3）
　　第二节　犯罪心理学的主要理论流派 ………………………………（4）

第二章　影响犯罪心理形成与发展的外部因素 …………………（11）
　　第一节　时空因素 ……………………………………………………（13）
　　第二节　家庭环境 ……………………………………………………（15）
　　第三节　学校环境 ……………………………………………………（18）
　　第四节　社会文化环境 ………………………………………………（20）

第三章　影响犯罪心理形成与发展的内部因素 …………………（23）
　　第一节　生物学因素 …………………………………………………（25）
　　第二节　犯罪者的需要和动机 ………………………………………（33）
　　第三节　犯罪者的人格特征 …………………………………………（36）
　　第四节　犯罪者的智力 ………………………………………………（42）
　　第五节　犯罪者的情绪 ………………………………………………（44）
　　第六节　犯罪者的道德 ………………………………………………（47）

第四章　性别差异与女性犯罪心理 ………………………………（51）
　　第一节　性别差异 ……………………………………………………（53）
　　第二节　犯罪的性别差异 ……………………………………………（55）
　　第三节　女性犯罪心理分析 …………………………………………（57）

第五章　青少年犯罪 ………………………………………………（61）
　　第一节　青少年身心发展的特征 ……………………………………（63）
　　第二节　青少年犯罪心理特征 ………………………………………（64）
　　第三节　留守儿童——离危险有多近？ ……………………………（66）

第六章　老年人犯罪心理 …………………………………………（71）
　　第一节　老年人的生理和心理特征 …………………………………（73）

第二节　老年人犯罪心理分析 …………………………………………… (75)
　　第三节　老年人犯罪的预防 ……………………………………………… (80)

第七章　暴力犯罪心理 ……………………………………………………… (83)
　　第一节　暴力犯罪概述 …………………………………………………… (85)
　　第二节　杀人犯罪 ………………………………………………………… (87)
　　第三节　家庭暴力 ………………………………………………………… (94)

第八章　性犯罪心理 ………………………………………………………… (99)
　　第一节　性犯罪概述 ……………………………………………………… (101)
　　第二节　强奸犯罪 ………………………………………………………… (104)
　　第三节　对儿童的性侵害 ………………………………………………… (107)

第九章　变态心理与犯罪 …………………………………………………… (113)
　　第一节　变态心理概述 …………………………………………………… (115)
　　第二节　人格障碍与犯罪 ………………………………………………… (118)
　　第三节　精神病人的危害行为 …………………………………………… (121)

第十章　犯罪心理画像 ……………………………………………………… (127)
　　第一节　犯罪心理画像概述 ……………………………………………… (129)
　　第二节　犯罪心理画像的逻辑方法 ……………………………………… (133)
　　第三节　犯罪心理画像的应用 …………………………………………… (136)

参考文献 ……………………………………………………………………… (142)

第一章 导论

第一节 犯罪心理学概述

一、犯罪的概念

首先,我们来谈谈什么是犯罪。在刑法学上,犯罪是指危害社会的、触犯刑事法律的、应受刑法处罚的行为。从这个定义中我们可以看出以下几点。

第一,犯罪是一种行为,如果仅仅停留在心理状态中,例如一个人有杀人的想法,却没有付诸行动,那么这是构不成犯罪的。

第二,犯罪是具有社会危害性的,即对他人产生危害。如果一个人的行为只是让自己痛苦,并没有给他人带来坏的影响、损害他人的利益,则不是犯罪。假如一个人因为患有严重的心理疾患而自残自伤,这不是犯罪。

第三,犯罪是触犯刑法、应受刑法处罚的行为。如果只是违反一般的社会规范或规则条例,则构不成犯罪。在我国,婚外恋行为会受到舆论谴责,但不能构成犯罪。

二、犯罪心理的概念

犯罪心理的概念有狭义和广义之分。梅传强(2010)指出:狭义的犯罪心理指支配行为人实施犯罪行为时的心理活动和有关的心理因素,即犯罪主体实施犯罪行为时,其认识、感情和意志的活动规律,以及其性格、气质、能力、需要、动机、价值观等有关心理因素的相互作用规律;广义的犯罪心理不仅包括狭义的犯罪心理,而且还包括犯罪主体实施犯罪行为前,预谋和准备犯罪过程的心理活动,以及犯罪以后逃避侦查、打击、处罚的心理活动,同时也包括犯罪人通过教育改造而悔过自新的心理活动过程和行为规律。[①] 可见广义的犯罪心理包括所有与犯罪行为有关的心理活动。

三、什么是犯罪心理学

犯罪心理学也有广义和狭义之说。我国学者罗大华教授指出:狭义的犯罪心理学是运用心理学的基本原理研究犯罪主体的心理和行为的一门学科;广义的犯罪心理学是运用心理学的基本原理,研究犯罪主体的心理和行为以及犯罪对策中的心理学问题的一门学科[②]。

犯罪心理学所涉及的犯罪心理和行为,往往并不仅仅局限于严格的法学意义上的犯罪心理和行为,它的研究范围还包括一般违法者以及某些无责任能力但实施了刑法所禁止的行为的人。如14岁以下未成年人、丧失自主意识的严重精神病人等,他们没有责任能力,但有时也会做出危害社会的行为。犯罪心理学也涉及对此类人群的研究。为了深入地研究犯罪人的心理从量变到质变、从轻微不良行为到真正犯罪的过程,犯罪心理学也会探讨犯罪人以前的一般违法行为和轻微不良行为。为了预防犯罪行为的发生,犯罪心理学还关注最有可能犯罪的人(虞犯),如经常与有犯罪习性的人的交往者、经常出入不良场所者、经常逃学

---

① 梅传强.犯罪心理学[M].北京:法律出版社,2010.
② 罗大华,李德,赵桂芬.犯罪心理学[M].北京:北京师范大学出版社,2012.

或离家出走者、参加不良组织者、无正当理由经常携带凶器者、人格有严重缺陷者等。另外，刑满释放人员和解除劳教人员、揭露与惩治犯罪的人员（如警察、司法人员、被害人、证人）、监管矫治犯罪的人员等也可以被归纳为犯罪心理学广义的研究对象。

四、犯罪心理学的学科性质

犯罪心理学是一门交叉学科，是犯罪学和心理学共同发展、相互影响的产物，它既可以算犯罪学的分支，也可以算心理学的分支。同时，由于犯罪是一种反社会行为，它的背后往往有着深刻的社会原因，因此社会学也是影响犯罪心理学发展的一个重要学科。而社会心理学中关于人际互动、群体心理特征、青少年社会化等方面的理论都可以在犯罪心理学中得到应用，因此有人认为犯罪心理学可以算社会心理学的一个分支。由于犯罪行为涉及刑法对犯罪的界定，也涉及刑事诉讼等问题，犯罪心理学与刑法学、刑事诉讼法学等学科都有密不可分的关系。

第二节 犯罪心理学的主要理论流派

一、犯罪的生物学流派理论

持这一观点的学者认为：生物因素是影响犯罪行为产生与发展的主要原因。龙勃罗梭是这一观点的著名代表人物。龙勃罗梭通过他对大量罪犯的测量与观察，认为犯罪行为具有遗传性，有的人天生具有犯罪天赋。犯罪人在生理特征和心理反应上都与普通人有显著的区别，从进化的角度来看，犯罪人是一种退化的人类，是一种返祖现象，与某些原始人类型相似。

龙勃罗梭还详细描述了天生犯罪人的特征。在生理上，天生犯罪人头骨异常，特别大或者特别小；额头狭窄，五官不对称；额骨宽大、突出。在心理上，天生犯罪人冷漠，缺少同情心，没有良知。这些特征都与原始社会的野蛮人类似。

龙勃罗梭的理论在当时产生了巨大的影响力，也带来了很多的争议。批评者认为他忽视了外部社会环境的影响。后来，龙勃罗梭对自己的理论也做了一些修改，注意到社会发展、经济水平、宗教文化、家庭环境等对犯罪的影响。

尽管龙氏理论受到了众多非议，生物学流派的后继者却源源不断。体型说、血型说、内分泌异常说、脑结构异常说以及犯罪基因论等都是其中的代表。其中，犯罪基因论是近年来影响较大的观点。这些研究在本书的第三章进行了详细的论述。

犯罪的生物学流派从生理异常的角度来看待犯罪的问题，是当时医学、生理学进步的表现。生物学流派的学者们注重实证的研究而不是主观臆测，在研究方法上也有很大的进步。但犯罪毕竟是一种复杂的现象，既有生物遗传等因素的影响，又离不开各种环境的作用。以往的生物学流派的学者们只专注于研究某一种生理异常现象，往往得到一些片面的结论。这些缺点都严重影响了生物学流派的学术声誉。不过，如今的生物学流派以现代遗传学、生物工程学和生物化学的发展为基础，拥有无比先进的研究手段，对犯罪人的生物因素做出的分析会更有说服力。因此这一领域的研究是值得期待的。

二、犯罪的社会学流派理论

犯罪的社会学流派观点侧重从社会学的角度探讨犯罪的起因和对策,认为犯罪行为的出现主要受社会因素的影响和制约。这一流派的主要代表是弗兰兹·冯·李斯特和恩里科·菲利。

德国犯罪学家弗兰兹·冯·李斯特(1851—1919)认为,犯罪行为的产生一般是由两个方面的因素造成的,一个是犯罪人的个人因素,如性格特征等,另一个是外部的社会因素,尤其是经济的因素,如失业、恶劣的居住条件、低工资、高昂的生活用品价格等。在个人因素和社会因素中,社会因素更重要。弗兰兹·冯·李斯特的犯罪学理论被称为"二元论"。

意大利著名的犯罪学家、犯罪社会学派的创始人恩里科·菲利(1856—1929)提出了"个人、自然、社会"的犯罪原因三元论。恩里科·菲利是龙勃罗梭的学生,最初深受"天生犯罪人"理论的影响。但"天生犯罪人"观点受到了太多的批判,使得这一观点的支持者不得不反思,并对该观点进行修正。恩里科·菲利在接触了马克思主义学说之后认识到社会因素的重要性,认为仅有先天因素,没有后天不良的社会环境的影响,犯罪行为也难以发生。恩里科·菲利将社会因素引入他的理论中,提出犯罪是行为人的个人因素、自然因素和社会环境因素共同起作用的结果。由此,恩里科·菲利从犯罪人类学派转变为犯罪社会学派。

恩里科·菲利的"犯罪三元论"中,个人因素包括生理因素和心理因素。自然因素包括气候、季节、地理形态、物产、自然灾害等。社会因素包括政治、经济、文化传统、宗教、习俗、家庭结构、教育制度等。恩里科·菲利认为,要理解犯罪行为,必须对三种因素进行考察,有时候社会因素的作用大,有时候个人或者自然因素的作用大。

弗兰兹·冯·李斯特和恩里科·菲利的理论在当时具有很大的进步意义。他们把犯罪原因从单纯的个人因素扩展到多种因素,看到了社会因素的重要作用,把犯罪行为研究引入一个更为广阔的领域中。社会学派理论在随后得到了蓬勃的发展,出现了许多分支流派,如模仿论、不同接触理论、文化冲突理论、社会失范论、标签理论、控制理论、观察学习理论等。这些理论从不同的角度探讨了社会条件对犯罪行为的影响。

1. 模仿论

模仿论由法国的社会学家、犯罪学家塔尔德(1843—1904)提出。其观点是:犯罪行为并非由遗传决定,而是在后天的社会环境中受社会因素的影响,通过模仿他人的行为产生的,模仿是社会生活得以维持的重要原因。人与人之间的模仿遵守一些规律,比如来往越密切、越频繁的人,模仿越容易发生;在社会层级上,底层人士喜欢模仿上层人士,比如乡村里的人喜欢模仿城市里的人。犯罪也是通过模仿来传播的。有些青少年会模仿媒体上的犯罪行为,因此有的国家在这方面管制非常严格,防止青少年通过媒体渠道接触进而模仿犯罪的方式和手段。

2. 不同接触理论

不同接触理论由美国犯罪学家萨瑟兰(1883—1950)提出。不同接触理论(也可以翻译为"不同交往理论""异质接触理论"和"不同联系理论"等)认为犯罪行为是在亲密的人际群体中通过他人的相互作用习得的;个体对犯罪的学习包括犯罪行为的技术和对犯罪的实施起促进作用的动机、驱力、合理化作用及态度。[①]人们接触犯罪行为越多,学习犯罪行为的机会就越多。但需要指出的是,这里对犯罪行为的习得起关键作用的并不是接触本身,而是人们通过接触所传递的信息。当个体从犯罪分子或"坏人"那里接收到的违法信息和价值观超过了个体原本具有的社会许可的信息和价值观,个体才有可能受到犯罪行为的影响。如果个体并没有真正跟犯罪分子或"坏人"接触,却从身边的重要他人,如父母那里得到一些信息,让他以为偶尔做出一点违反社会规范的行为也是"无所谓的""正常的",那么即使他并没有与坏人有过实质性接触,他仍然是可以发展出犯罪行为的。

3. 文化冲突理论

文化冲突理论的代表人物是美国犯罪学家索尔斯坦·塞林(1896—1994)。他认为犯罪是不同的文化规范之间互相冲突的结果。刑法是主流文化行为规范的表现,代表的是中产阶级的文化思想观念。中产阶级文化与下层阶级和其他特殊种族群体的文化都有其不同的文化内涵,这些文化内涵的差异是社会冲突产生的原因。刑法体现了中产阶级的规范,是用来保护中产阶级利益的,而犯罪行为是下层阶级文化的体现,受到法律的制约。从这个角度来看,犯罪行为是相对的。文化发生改变,法律所代表的社会规范就会发生改变,刑法中规定的犯罪行为也就随之发生变化。文化冲突理论可以用来解释在多民族国家和地区,具有不同宗教信仰、生活习惯的民族间暴力冲突频繁的现象。

4. 社会失范论

社会失范论认为犯罪行为的产生是因为人们不能通过合法手段获得社会地位和社会财富而产生的愤怒和沮丧。美国社会学家默顿指出,犯罪是由于社会结构中的文化目标和实现该目标的制度性手段之间的脱节[②]。文化目标就是全社会成员所持有的合法目标,是每个社会成员所为之奋斗的目标。制度性手段就是人们达到目标的合法手段。由于社会对合法目标的过分强调,例如政府鼓吹追求社会地位和物质财富,但相应地对达到合法目标的合法手段的重视不够,从而使得两者之间脱节。人们无法通过合法的手段达到其所追求的合法目标,就会产生一种失范的压力。犯罪行为就是减轻压力的手段之一。默顿认为,由于社会结构不合理的限制,使得社会底层的人缺乏通向成功的途径,他们无论怎么努力都难以获得成功,因此底层人士就成了产生失范压力的主要群体。当人们无法通过合法手段达到合法目的时,部分人就会采用非法手段,因此犯罪就出现了。该理论可以用来解释"仇富"现象。

5. 标签理论

标签理论的代表人物是美国学者莱默特、贝克等。该理论认为"越轨行为"不是与生俱来的,也不是后天教育、学习的产物,而是被他人定义、"贴标签"的结果。一些人将规则和制裁方法应用于他人,产生了所谓的越轨者。越轨者其实是成功地被贴上标签的人,越轨行为即犯罪行为则是被人们贴上了越轨标签的行为。"贴标签"会成为违法犯罪的催化剂。一个人在初次犯罪之后,被贴上了犯罪人的标签,这个标签会影响到以后所有人对他的态度,使得他在社会上受到歧视,甚至找不到工作,找不到安身立命之所。久而久之,被"贴标签"的人自己也会认同这种标签,进而实施更加严重的犯罪行为,成为累犯或惯犯,甚至把犯罪当成职业。

---

① 吴宗宪. 萨瑟兰的不同接触理论简介[J]. 犯罪与改造研究,1988(04).
② 田丰. 默顿社会失范理论研究[D]. 湘潭:湘潭大学,2010.

6. 控制理论

控制理论的代表人物是美国犯罪学家雷克里斯和赫希。该理论认为犯罪行为产生的原因在于社会控制。在人的天性里，都有犯罪的动机，每个人都有可能犯罪，关键在于社会控制的强弱。社会控制力强，人们不犯罪；社会控制力薄弱，人们会犯罪。所以，犯罪行为是由社会控制决定的，而不是由驱使他们犯罪的力量决定的。赫希将这种控制或抑制人们不犯罪的力量称为社会联系。社会联系的程度决定着人们是否会实施犯罪行为。这种社会联系主要由四个方面的要素构成：依恋（attachment）、奉献（commitment）、参与（involvement）和信念（belief）。从这四个方面增强个人同社会的联系就能很好地达到防控犯罪的效果。[①]

7. 观察学习理论

20 世纪 50 年代，第三代行为主义心理学家的杰出代表班图拉提出的观察学习理论也可以解释犯罪行为的习得。班图拉通过他的一个经典实验发现，观察过攻击行为的儿童容易模仿榜样的攻击行为，而没有观察过攻击行为的儿童则不同。因此人的攻击行为不是天生的，而是通过观察学习获得的。班图拉指出，家庭成员、亚文化群体成员和大众传媒提供的象征性榜样都会成为儿童习得攻击行为时的模仿对象。

尽管如此，攻击行为仍然是可以选择的。网络上流传这样一个故事：

三个男孩子出生在父母暴力冲突不断的家庭之中。老大看到爸爸打妈妈，心里想："原来男人是可以打女人的，我将来也要打老婆！"他长大后继承了爸爸的行为，成了另一个家暴的丈夫。老二看到妈妈被爸爸打得很惨，心想："妈妈太可怜了，我长大了绝对不做这样的男人，我要爱护自己的老婆！"他长大之后成了一个爱家的好男人。老三看到父母整天战争不断，童年阴影影响了婚姻观："婚姻充满了痛苦，我长大了不要结婚。"于是他成了一个不婚主义者。

出生在同样的家庭，在相似的环境下长大的人，选择的人生道路并不一定相同。尽管人们有可能会模仿他人的攻击行为，但这也不是必然的。个体的自我调节能力对行为的影响很重要。

社会学流派理论让人们了解到除了生理因素之外，许多社会因素也是导致犯罪行为产生的原因。这些社会学流派理论分别从不同的角度来解释犯罪行为，在一定范围内有一定的说服力，可以解释某些犯罪现象。但这些理论过分强调了社会因素的影响，忽视了不同个体的心理差异对犯罪行为的作用。

三、犯罪的精神分析学流派理论

精神分析，又称心理分析、心理动力学，由奥地利维也纳临床医生弗洛伊德于 19 世纪末 20 世纪初创立。精神分析起源于精神病的治疗实践，是一个非学院式的心理学派别。它最初是一种特殊的治疗方法，如今已经演变成一门关于潜意识心理过程的学问，被广泛应用到人文社会科学的各个领域，如文学、艺术、哲学、人类学等，在世界范围内产生了深远的影响，甚至成了一种无所不包的哲学观和世界观，构成现代西方的一种社会思潮。

关于攻击、战争等问题，弗洛伊德有自己的看法。弗洛伊德是本能论者，他认为人们的

[①] 张杜.赫希社会控制理论研究[D].湘潭：湘潭大学，2013.

行为来自于本能。本能或驱力,就是人的生命和生活中的基本要求、原始冲动和内在动力。对本能的类型,弗洛伊德在早期和晚期有不同的观点。早期,他把本能分为性本能和自我本能。性本能又称力比多,是人的行为背后的最重要的内在潜力,促使人们通过各种方式得到满足。自我本能是害怕危险、保护自我不受伤害的本能。第一次世界大战的到来颠覆了弗洛伊德的思想。仅仅有性本能和自我本能似乎不能解释人们在战争中疯狂地互相残杀,他感到在人性中还存在某种攻击和自我毁灭的本能。由此他修改了自己的本能理论,把性本能和自我本能统称为生的本能,因为性本能和自我本能虽然各有其不同的直接目的,但最后都同样指向生命的成长。另一种本能就是死的本能。死的本能会导致人们产生攻击。攻击是指向外部对象而非自身的一种自我毁灭的需要,战争、谋杀以及攻击行为都受死的本能驱使。自杀则是死的本能指向了自身。死的本能集体爆发时,就会导致大规模的战争。即使在和平年代,死的本能也会通过合法的方式表现出来,比如竞技体育活动就是人类攻击欲望的合法表达。

在人格结构上,弗洛伊德把人格分为本我、自我和超我。本我是人格结构中最原始的潜意识结构部分,是人格形成的基础,它的构成成分是人类的基本需求,如饥、渴、性,其中以性本能为主。本我遵守的是快乐原则,追求本能的释放和紧张的解除,它不考虑现实的情况,要求欲望立刻得到满足,以发泄原始冲动。自我是个体出生后,在与现实环境交往的过程中,由本我分化发展而产生的。如果本我的各种需求不能立即获得满足,个体就必须遵守现实的制约,学习如何在现实中适度地满足自己的欲望。支配自我的是现实原则。自我介于本我与超我之间,是个夹心饼干,调节和缓冲本我与超我的矛盾。超我是从自我中分化出来的部分,功能是监督自我去限制本我的本能冲动。超我的监督作用是由自我理想和良心来实现的。自我理想是自我为善的标准,规定了什么事应该做;良心是自我为恶的标准,规定了什么事不能做。因此,超我是人格结构中的道德部分,遵守完美原则。超我能阻止本我的冲动,特别是那些不为社会所允许的性和攻击的冲动。

弗洛伊德的精神分析理论被许多学者应用到犯罪心理学中。这些应用表现在两个方面。一是运用潜意识理论分析犯罪人的潜意识犯罪动机,二是运用弗洛伊德的人格结构理论分析犯罪人的人格缺陷。

在著名的犯罪心理学案例——布鲁塞尔博士对纽约"炸弹狂"的推论中,古典精神分析学派的布鲁塞尔博士认为"炸弹狂"四处投放炸弹的行为,其犯罪动机来源于他的与恋母情结有关的心理创伤。"炸弹狂"年幼时经常反抗父亲,产生了反抗权威的情绪,成年后受到他所供职公司的不公正待遇,触发了他心灵深处的创伤,于是用四处投放炸弹来反抗各种权威。

德国犯罪学家艾其浩借用弗洛伊德的思想来解释犯罪行为,认为本我的盲目冲动和性本能是推动一个人犯罪的原动力;犯罪人的自我功能不成熟,不能成功地制约本我的冲动,不能调节本我和超我的要求;犯罪人的超我也不完善,不能控制来自本我的欲望冲动。犯罪是本我的生物性本能没能得到妥善管理,以焦躁、紧迫的状态释放出来而触犯社会规范的结果。

犯罪心理的精神分析学派将犯罪的原因归结为本能冲动,这是一种偏激的观点。精神分析的研究主要建立在对个别案例的推测上,不具有代表性,其结论带有主观色彩,也难以证实,因而科学性受到质疑。

"挫折攻击理论"是与精神分析相关的一个有影响力的学说。1939年,美国心理学家多拉德、杜波等在其合著的《挫折与侵犯》一书中首次提出了"挫折-侵犯"假说,认为侵犯行为是因为个体遭受挫折所引起的,侵犯行为的发生总是以挫折的存在为先决条件,挫折的产生必然会导致某种形式的侵犯。[①] 挫折意味着欲求得不到满足,进而导致个体产生愤怒情绪和紧张感。这时候个体会通过向社会或他人实施攻击行为来缓解压力,寻求补偿,得到心理上的平衡。不少犯罪分子是在遇到一些挫折,人生理想无法实现的时候走上了向他人泄愤、报复社会的犯罪道路。但是该理论忽视了个体的自我修养、意志力等对欲望的控制和调节。

 专栏

挫折一定会导致攻击吗?

甘蒙"8·05"系列强奸杀人案的凶犯高某某,1964年出身于农民家庭。高中复读后落榜,参加飞行员选拔也落选了,并因此与初恋女友分手。之后外出打工谋生,与外地结识的女子相恋结婚。1988年,在妻子怀孕期间,高某某因为家庭贫困,在白银市闯入民宅意图盗窃,被女主人发现后行凶杀人。此后在白银、包头两市共杀害女性11人,成为全国闻名的连环杀人凶手。2016年8月26日,高某某在白银某学校内的小卖部被抓获。在审判期间,有研究人员试图探明高某某的犯罪心理,但沉默寡言的高某某有较强的防御心理,在普通心理测试中表现基本正常。据推测,凶犯的性格特点以及早年的人生挫折或许与他之后的一系列犯罪行为有关。

杨新海,1970年出身于一个贫困的农民家庭。他从小聪明勤奋,学习成绩优异。读高中时因为家庭过于贫困而辍学并离家出走。他先后在山西、河北等地打工,辗转于工地和砖厂。开始打工时杨新海非常卖力,希望能靠自己的努力过上好日子。但他多次遭遇到干了活却拿不到工资的情况,因此受到了极大的打击。他在一家餐馆打工时,又被老板找借口拖欠工资,杨新海一气之下偷走了餐馆里一个铝盆。这是他第一次偷盗。从此以后他一步步走上了偷盗、强奸、杀人的犯罪道路。他流窜于皖豫鲁冀4省,杀死67人,伤10人,强奸23人。

早年的挫折或许是某些罪犯走向歧途的重要原因。但挫折是普通人都会遇到的,没有谁的人生一帆风顺。难道罪犯的人生中遇到的挫折比普通人多吗?显然未必。在高考扩招前,高某某所遭遇的高考落榜、理想折翼的挫折,许多农家子弟都遭遇过;在经济落后、法治观念薄弱的时代,杨新海所遭遇的干活拿不到钱的挫折,不少农民工都遭遇过。然而并不是所有高考落榜、理想无门的农家子弟以及所有讨薪失败的农民工都变成了罪犯,大部分人选择了忍耐、承受,或寻求合法途径解决问题。

挫折能否导致侵犯行为,要受其他因素的制约。

挫折导致侵犯,跟期望有关。对目标的期望越强,越接近目标,这时出现的挫折越有可能引发攻击。Mary Harris(1974)通过一个现场实验发现了这一点。她安排实验助手到各种队伍里去插队,比如买电影票的队伍,或者饭馆、商店里正在排队付款的队伍。这些实验

[①] 冯江平.国外关于挫折心理理论研究述评[J].河北师范大学学报(哲学社会科学版),1993(01).

助手有时候插到队伍的第二个人之前,有时候插到第十二个人之前。结果是,当实验助手插到第二个人之前时,队伍中排在插队者之后的人的攻击性更强。因为第二个人已经很接近目标了,目标带给他的期望值和愉悦感很强。这时候的插队行为对他的打击是很大的。

与其说挫折导致了侵犯,不如说人们对目标的期望以及挫折发生后人们怎样评估、处理挫折导致了是否有侵犯行为的发生。

如果一个人的生命中,确确实实遭遇到了比常人多的挫折,那也不一定会引发他的犯罪行为。当一个人遭受多次挫折并且自己无法逃避、无法掌控命运时,可能会产生习得性无助。

习得性无助是美国心理学家塞利格曼1967年在研究动物行为时提出的。他用狗做了一项经典实验,起初把狗关在笼子里,只要蜂音器一响,就给以电击,狗关在笼子里逃避不了电击,这令狗非常痛苦进而绝望。多次实验后,蜂音器一响,在给电击前,先把笼门打开,此时狗明明有机会逃走,但它并没有逃走,而是不等电击出现就先倒下开始呻吟和颤抖。动物在多次绝望的打击之后会放弃反抗、逃跑,本来可以主动逃避却绝望地等待痛苦的来临,这就是习得性无助。

在古希腊神话中,西西弗斯触犯了众神,众神为了惩罚西西弗斯,便要求他把一块巨石推上山顶。由于那巨石太重了,每次还没推上山顶就又滚下山去,前功尽弃。于是他就周而复始、永无止境地做这一件事。众神认为再也没有比进行这种无效无望、看不到尽头的劳动更为严厉的惩罚了。西西弗斯的生命就在这样一件永远没有尽头、永远不会成功的劳作中慢慢消耗殆尽。西西弗斯是神话中的悲剧英雄,他可以在这种绝望的处境中一次次把石头举起。普通人如果处在这样的命运中,恐怕会放弃努力,任由石头碾过自己的身体。

第二章
影响犯罪心理形成与发展的外部因素

犯罪是一种复杂的行为。它可以是因为生物因素的推动,也可以是外部环境因素的诱发;可以是处心积虑,也可能是一时冲动。尽管如此,人们还是可以通过大量的数据来总结犯罪的一般规律。犯罪的时间和地域特征就是对犯罪行为一般规律的总结,反映了犯罪人在外部因素的作用下对犯罪时间和地点的选择。犯罪行为又是受到家庭环境、学校教育和社会文化环境影响的。不良的家庭环境为犯罪心理的萌发种下了种子,如果学校没有做出有力的矫正措施,社会文化环境就成为这颗种子开花、结果的土壤。

第一节 时空因素

一、犯罪的时间特征

犯罪者在犯罪时会选择合适的作案时间,以保证犯罪行为的成功实施。因此人们可以发现某一类犯罪行为在时间上的分布规律。

(一)犯罪的钟点特征

犯罪的钟点特征是指在一天的 24 小时中,犯罪行为的分布特征如何。比如在什么时间段什么样的犯罪类型出现得最多。普通居民的作息时间在一天当中会有规律,犯罪人要成功实施自己的行为就会受普通居民作息时间的影响而呈现出一定的规律。

Sherman、Weisburd 对美国明尼阿波利斯城的犯罪行为进行研究,发现该城市的犯罪在下午 7 点到凌晨 3 点之间较为集中。美国学者斯密斯发现,抢劫、盗窃一般在下午 6 点到半夜晚 12 点较多,尤其是夜晚 8 点到半夜 12 点最多;谋杀、重度伤害等针对人身的暴力伤害罪行,在晚上 10 点到 12 点最多。西方犯罪学者把盗窃汽车、入室盗窃、抢劫、拦路强奸等犯罪称为"夜间犯罪",因为这些犯罪行为主要在夜间发生。[1]

为什么夜间犯罪高发?因为夜间人们多在休息,活动减少,疏于防备,给犯罪分子可乘之机,因此盗窃犯罪容易发生。另外,人们在入睡前身心疲劳,容易激发不良情绪而发生冲突,因此谋杀、伤害等罪行高发。

不过也有例外的情况。我国某市公安局的调查发现,在某一繁华地区的 273 件罪案中,发生在社会上的罪案以白天发生的居多,而发生在内部单位的案件则相反——夜间居多。因为在白天,家里无人或人少,小区管理松散,在商场与电车上人流量大,方便犯罪分子的掩护,因此社会上的案件白天发生的多。而在内部单位中,夜间值班员少,即使有,值班员往往在睡觉或者擅离岗位,责任心不强,因此夜间在单位作案阻力少,发生的案件就多。[2] 由此可见,犯罪行为的钟点特征与其文化背景有关。

犯罪的钟点特征是对大多数犯罪时间规律的总结,但这些规律在面对某一个特殊案例时不一定适用。曾经震惊全国的甘蒙"8·05"系列强奸杀人案,凶手高某某一共在白银市犯案 10 起(另在包头犯案 1 起),所有案件都发生在白天。白银市是个工业城市,工矿企业的

---

[1] 梅传强.犯罪心理学[M].2 版.北京:法律出版社,2010.
[2] 马骁.犯罪时间研究[J].青少年犯罪问题,1994(05).

员工往往实行倒班制。白天的家属居住区人流较少,因为上白班的出去上班了,上夜班的下班回来在家中休息。并且凶犯高某某家距离白银市有一段车程的农村,需要早晨出发赶到城里,天黑之前再回家。所以高某每次都是白天在这些工矿企业的家属聚集区域偷盗、行凶杀人,却从来没有被人发现。

(二)犯罪的日期特征

陆娟、汤国安、蒋平对某市2005—2009年入室盗窃犯罪时间的分布特征进行了实证分析,结果表明,入室盗窃在周末表现为犯罪低谷期[1]。在工作日里,家里没人的机会更多,而周末有人在家的可能性大,因此盗窃者会选择在工作日作案。

交通肇事和酗酒引起的犯罪往往在周六、周日和周一较多,尤其是在美、德等经济发达国家。因为在周末开车外出游玩、度假的人较多,容易酿成交通事故。另外,在欧美国家对某些工种会采用周薪制,周末发了工资的人又遇到休息时间,外出喝酒玩乐的机会就多了,这时容易发生酒后纠纷,引发伤害案件。日本等国家采用月薪制,月初或月中发工资,所以发生在月初和月中的犯罪行为就比较多。

(三)犯罪的季节特征

在陆娟、汤国安、蒋平的研究中,入室盗窃在3月份和9—12月份为高发期。还有学者对发生在北京的犯罪行为规律进行了总结,发现一年之中,犯罪发生率最高的是5月;抢劫、盗窃、扒窃、诈骗等财产犯罪主要集中在5月和10月,2月和7月发案最少;伤人和凶杀等暴力犯罪主要集中在6月和8月,2月和7月发案最少;流氓犯罪主要发生在5月和6月,1月和2月犯案最少。[2] 有学者对英、法、意等国19世纪的强奸罪进行考察后发现,每年4—9月,强奸罪的发生率始终处于上升趋势,之后又呈逐渐下降的趋势。在日本,性犯罪同样是在5—8月呈上升趋势,之后又逐渐呈下降的趋势。中国的犯罪学研究者发现,在一年之中,春节前后和夏收秋种期间发生的案件所占比重会增加,而高温和农闲季节发生的案件所占比重则相应下降。

犯罪的季节特征反映了犯罪行为随气候变化的规律。大体上,偷盗、抢劫等财产犯罪往往在秋季至冬季之间是高发期;侵害人身权利的犯罪,如杀人、伤害,以及强奸、猥亵等性犯罪,在春季至夏季期间是高发期。原因大概跟每个季节的气温及人们的需要有关。冬季气候寒冷,为了过冬,人们在衣食住行方面的花费增多,而且一般大的节日往往在冬天,在过节时会增加费用,但冬天工作机会反而会减少,因此人们生活负担增加,致使财产犯罪增多。冬天夜晚漫长,人流减少,这也给盗窃等犯罪活动提供了机会。夏季气温高,人们情绪容易被激惹,易发生冲突;夏天户外活动多,增加了人们互相接触进而发生纠纷的机会;夏天工作容易找,钱容易赚,花钱娱乐酗酒的机会多,酒后滋事的机会也就多了。因此在夏季容易发生针对人身的伤害案件。春天和夏天是强奸、猥亵等性犯罪的高峰期,可能因为春夏之间气温上升,导致罪犯容易产生性欲,同时春夏季节人们的服饰减少,穿着暴露,也容易刺激罪犯

---

[1] 陆娟,汤国安,蒋平.犯罪均值频率——一种犯罪时间分布的测度指标[J].中国人民公安大学学报(社会科学版),2012(03).
[2] 翟英范,翟化夫.犯罪控制论之犯罪时间[J].河南公安高等专科学校学报,2005(02).

的性欲。

二、犯罪的地域特征

犯罪的地域特征反映了气候、风土人情及不同地区的政治、经济、文化等因素对犯罪行为的影响。犯罪的地域差异大致呈以下规律：气温高的地区比寒冷地区的暴力性犯罪较多；政治、文化中心，尤其是经济发达地区财产犯罪比暴力犯罪多；流动人口较多的地方，如车站、码头等，侵犯人身的犯罪多；工矿地区针对人身的犯罪较多。

人口密度不同的地区犯罪情况有差异。城市人口密度大，农村人口稀少，因此犯罪呈现出城乡差异。在世界上大多数国家中，农村与城市的犯罪数量和犯罪类型都有差别。尽管农村的总人口可能比城市的总人口要多，但城市的犯罪率却高于农村。在犯罪类型上，农村的暴力犯罪率较高，城市的财产犯罪和性犯罪比较多。犯罪呈现出城乡差异的原因是多方面的。城市人口密集，生存竞争激烈，人与人之间容易发生利益冲突进而引发犯罪；城市经济发达，商品流通量大，金钱交易多，增加了经济犯罪的机会；城市人流大，交通方便，外来人口多，容易诱发犯罪；城市中人与人之间互不相识的情况多，社会控制力差。在农村人口稀少，相互之间熟识，亲戚朋友多，强大的社会关系网对人的行为形成约束力。农村的人们即使想犯罪也不好对身边熟识的人下手，更容易流向城市作案。

第二节 家庭环境

早期家庭生活对儿童性格的影响已经被许多心理学研究所证实。父母是孩子接触最早的人，是孩子进入社会的中介，也是孩子的第一任老师。儿童的性格特征、行为习惯都是由家庭教育奠定的基础。家庭的经济条件、父母关系的融洽程度、父母的抚养方式等都会对儿童的成长产生深远的影响。我国犯罪心理学家李玫瑾教授曾经对11名公开报道的典型犯罪人格者进行了实证研究，发现这11人中有9人家庭残缺，剩余2人家庭虽然完整但家庭功能并不完善。张海芳(2006)的研究发现，家庭经济条件差、双亲不健全的男性青少年，犯罪比率高[1]。家庭因素对犯罪行为的影响主要通过家庭结构、家庭功能及家庭教养方式等因素发生作用。

一、家庭结构的缺陷

大量研究表明，童年时期与父母分离或者父母离异之后在单亲家庭中成长的孩子，不仅在认知水平、情感、行为和社交技能等方面落后于那些家庭结构正常的孩子，而且也会影响到他们成年之后的身心发展。如果因为早年家庭破碎而导致孩子出现的性格缺陷、情绪问题没有得到及时的关照、矫正，会增加他们发生犯罪行为的风险。国内钟伟芳、刘洪的一项调查发现，被调查的97名青少年罪犯中，19.3%来自单亲家庭，其中父亲去世的占5.1%，母

---

[1] 张海芳.男性青少年犯罪与家庭环境、生活方式和心理健康的关系及干预对策的研究[J].西安:陕西师范大学，2006.

亲去世的占2.0%,父母离异的占12.2%。① 对日本长崎的某个监狱的统计发现,罪犯中有15%的父亲早亡,13%的是私生子,28%的是被父亲或母亲(或父母双方同时)遗弃。美国犯罪学家卢克夫妇对500名少年犯的调查表明,60.4%的人经历过家庭破碎,而正常少年中只有34.2%的经历过家庭破碎。②

 专栏

董文语:一个变态杀人狂的凄惨童年

董文语,1978年出生于浙江平阳。2006年3月11日至5月26日,董文语在浙江省金华市、福建省福鼎市、江西省上饶市连续制造5起入室抢劫强奸杀人案件,杀死6人,重伤2人。是什么原因让这样一个身高只有1.58米的年轻人变成了一个灭绝人性、罪行累累的凶手?

董文语出生在一个大山深处的贫穷村庄里,在他很小的时候母亲就精神失常,之后母亲离家出走(也有人说是改嫁到外地)。他的父亲董希定在2006年因故意伤害致人轻伤负案在逃。这样,没有父母管教的董文语只能跟奶奶一起生活。在这样凄惨的家庭环境中长大,董文语性格非常孤僻。11岁读小学三年级时,董文语就辍学离开了家乡,从此再也没有回来。家乡的人们对他的记忆就此中断了。在外漂泊的过程中,董文语以捡破烂、盗窃为生,逐渐变成了一个冷漠无情、仇恨社会的人。

需要注意的是,家庭结构对青少年心理健康和犯罪行为的影响并不是绝对的。在父母离异或者一方早亡之后,如果单亲的一方能够处理好家庭关系,给孩子提供健康、乐观的家庭教育,尽量将家庭破碎带来的消极影响降至最低,孩子依然可以得到健康的成长。因此,家庭结构对心理健康和犯罪行为的影响其实反映的是这个家庭是否具备正常的家庭功能。如果家庭结构健全,但家庭成员没有尽到自己的责任,没有让家庭正常的功能得到发挥,孩子依然可能会受到消极的影响。

二、家庭功能的缺损

在有些家庭中,由于贫穷,或者夫妻感情不和,或者家庭成员有犯罪行为,或者父母长期外出,或者父母教养方式不当,造成家庭功能有缺损,尽管家庭结构健全,依然会给儿童的成长带来负面的影响。

贫困是造成家庭功能有缺损的原因之一。贫穷会伴随着父母文化程度低、育儿观念落后等因素。经济条件差也意味着子女享受到的物质、教育资源较少,父母用于谋生的时间多,陪伴孩子的时间少。因此出生于贫困家庭意味着基本生活保障和父母教养不如家庭条件好的孩子。生存于社会的底层同时也意味着受到外界诱惑、与品行不良人员交往的可能性大。在我国农村有大量留守儿童,近年来留守儿童违法犯罪行为频频发生已经引起了关注。

---

① 钟伟芳,刘洪.家庭状况、社会支持与青少年犯罪的关系[J].法制与社会,2016(15).
② 梅传强.犯罪心理学[M].2版.北京:法律出版社,2010.

家庭成员关系不和睦,长期吵架甚至打架,也会影响家庭功能。这种不和睦既可以是父母之间的,也可以发生在亲子之间。家庭气氛冷漠,亲人之间缺少感情交流,儿童终日生活在紧张、压抑的气氛之中,长此以往会让儿童形成偏激、孤僻、神经质等性格缺陷。儿童在家里缺少温暖,就可能在社会上寻找归属感,与品行不良的社会分子拉帮结派。宗焱等人2009年的一项研究发现,未成年罪犯的家庭亲密度与普通人群有显著性的差异[①]。未成年罪犯的家庭成员之间关系更为疏离、冷漠,缺少感情交流。湖南著名的杀人狂魔段国诚,他的双亲都是老实人,家庭结构健全,但父母常因家庭琐事而言语不和,一家人多年不在一张桌上吃饭。段国诚的父亲脾气很暴躁,在段国诚七八岁时,为让段国诚改掉恶习,段国诚的父亲曾用老虎钳子将段国诚一个手指夹变了形。

如果家庭中有不道德、违法或犯罪成员存在,也影响家庭功能。父母或其他家庭成员的不良行为,容易引起子女的效仿,使得儿童从认知观念到行为都被潜移默化,种下违法犯罪的种子。云南晋宁连环杀人案的凶手张永明,据同村的村民回忆,其母亲在中华人民共和国成立前就曾杀过人,其兄也曾因杀人被判刑。

不良的家庭教养方式会影响儿童人格的成长,进而诱发不良行为。在民主型的家庭中长大的孩子从父母那里得到开放的观念和坚定的支持,这样的孩子会获得独立、自信、宽容的品质。在专制的家庭中成长的孩子被严格管控和支配,有的形成依赖、胆怯的性格,有的则变得粗暴专制、叛逆。父母如果对孩子放任不管,漠不关心,孩子就容易形成孤僻冷漠的性格。如果父母过度溺爱、放纵、过度保护,孩子会变得任性妄为。

 专栏

父母无原则的爱让孩子走上犯罪道路

陈某某出生在北京一个普通的工薪家庭。陈家并不富裕,但父母对他非常疼爱。只要陈某某想要的,父母宁愿自己节衣缩食,也会想尽办法满足他。在陈某某五六岁时看中了商场卖的一件玩具,母亲说家里类似的玩具太多了不给买,他哭闹着,对母亲又打又踢,甚至扯下了母亲的一缕头发,母亲只好屈服,陈某某如愿以偿。

中专毕业后,父母依然每月给已经工作的陈某某500～1000元零花钱。母亲患癌症多年,他却连母亲患什么癌都不知道。由于从小娇生惯养,陈某某养成了爱慕虚荣的心态,工作以后甚至不愿挤公共汽车,要求父母掏空所有积蓄为自己买车,却从未考虑过母亲的病需要大量的医药费。陈某某的父母先为他买了摩托车,后又贷款买了两辆汽车。但父母这样的付出并没有换来儿子任何的回报。陈某某把这一切都当成理所当然。沉溺于享乐中之中的陈某某经常和朋友下饭店、上洗浴中心,还迷上了赌博。由于省吃俭用的父母根本没法满足陈某某奢侈的生活,他就想出了一个快速赚钱的方法——租车抵押。他从网上找到准备将车出租的个人,与他们联系,称自己准备开旅游公司需要用车。待汽车租到手后,他便迅速将车抵押给违法押车行,拿得几万元抵押款后便逃之夭夭。陈某某用这样的手段,短短4

---

① 宗焱,张泉水,张大力,等.未成年抢劫罪犯与其他类型罪犯家庭亲密度和适应性比较研究[J].中国健康心理学杂志,2009(04).

个月内骗得20辆汽车,涉案金额高达171万余元。之后,25岁的陈某某因诈骗罪入狱。在提讯时,检察官发现陈某某毫无悔意。当被问到如何面对父母时,他冷冷地说:"父母生我养我是应该的,现在我走到这一步,是他们以前把我惯坏了。"

第三节 学校环境

学校是儿童走出家庭、走向社会的中间环节。跟家庭相比,学校是一个较大的社会环境;跟外面的社会环境相比,它还是一个较小的、主要以教育为主的缓冲地带。良好的学校教育可以弥补家庭教育的缺陷,帮助青少年纠正不良的生活习惯和思想观念。但是,学校教育中的某些不足和失误,却不利于青少年的健康成长,甚至会促使青少年滋生违法犯罪的行为。

一、学校教育内容方面的缺陷

在推行素质教育方面,我国已经努力了很多年,也卓有成效,学生的综合素质确实比从前提高了很多。但无论如何,应试教育这个大环境还是存在的。学校教育的重心仍然在学习成绩上。这一现象的结果就是对学生的品德教育和心理健康教育的重视程度不够。许多学校的品德教育缺少专业的教师,学校领导也不重视,最后沦为形式。心理健康教育的推广之路更是艰难。尽管每年有大批应用心理学专业的本科生毕业,但他们真正能进入学校做心理健康老师的却少之又少。有的学校即使招了心理老师,开了心理健康咨询室,却没有将工作落到实处,形同虚设。

学校如果片面追求升学率,用学习成绩作为衡量学生的唯一标准,会让学习成绩落后的学生自尊心受到打击。在班级里,所谓的"差生"不受待见,找不到归属感,使得他们不喜欢这样的学习环境,容易出现逃学、厌学的行为,甚至有的"差生"可能会辍学,或与社会闲散人员交往,走上违法的道路。另一方面,对那些学习成绩优秀的学生,在仅追求高分的压力之下,如果不加强品德教育和心理健康教育,他们也有可能形成盲目自大、唯我独尊的性格缺陷,或者自我意识与社会脱节,幼稚天真,缺少社会经验。

当今社会科技信息发达,学生在获取法律知识上有很多途径,再加上学校推行的普法教育,一般学生对法律知识并不陌生。但在懂法的同时,并不意味着学生懂得尊重他人权利和尊重生命的价值。有些青少年利用自己未到法定年龄就放肆大胆地做一些伤害他人的事情,这就是教育的失败之处。

二、学校教育方法和态度上的不足

每个学生都有自己独特的性格特征,这就需要教师因材施教,针对每个学生的特点使用合适的教育方法。但在我国大部分学校里,教师有特别繁重的教学工作,尤其在一些偏远的农村中小学,经常是几个老师面对整个学校的学生,老师们精力有限,难以面面俱到。在应试教育制度下,许多老师把重心放在了学习成绩好的学生身上。对某些品行或学习差的学生,有的老师会使用批评、训斥等简单粗暴的教育方法,这让学生更加排斥学校。在思想品德教育方面,许多老师仅靠说教,方法单一,内容空洞,易引起学生反感。

在教育态度上,因为应试教育的影响,有的教师对优等生和所谓的"差生"态度区别大。对成绩好的学生呵护备至,对成绩差的冷漠忽视或挖苦责骂。这样的态度偏差会让"差生"自卑,进而自暴自弃,甚至出现品行的问题。因此,教师对那些学习成绩和品行暂时落后的学生不应持放弃态度,而是应该抱有好的态度和期望,耐心地帮助他们进步,积极地期待才能产生积极的效果。

三、学校管理工作的失误

学校管理在教育中发挥着很大的作用。完善管理制度能够保证学校的教学处于一个良好的环境之中,帮助学生正常地发展。但有的学校在管理中会存在一些问题,给学生的发展带来隐患。

(一)学校管理者只重视教学结果,轻视教育过程

受商品经济的影响,有的学校管理者只看重升学率,看重教学成果,忽视了学校教育更重要的使命——育人。在这种管理理念下,学生和教师的思想品德及心理健康就不是重点关注的对象了,一些出现品行问题和心理健康问题的学生自然不能及时得到应有的重视和矫正。

(二)缺少对校园暴力事件的有效管理

近年来校园欺凌事件层出不穷,甚至有的学生因不堪忍受欺辱而做出了自杀等极端行为。人们在探讨这类事件的时候会思考家长对孩子的忽视、家庭教育的不足等,但学校管理的不足也是校园暴力频发的重要因素。学校没有发挥应有的作用去管教施暴者,也没有实施有效措施去保护受害学生,更没有想方设法去预防校园暴力事件的发生。这是非常值得深思的。

 专栏

校 园 欺 负

校园欺负是指同学间的一方(个体或群体)单次或多次蓄意或恶意通过肢体、语言、社交排斥及网络等手段实施欺负、凌辱,造成另一方(个体或群体)受到身体伤害、财产损失或精神损害等的事件。校园欺凌多发生在中小学。我国山东师范大学张文新教授把欺负划分为身体欺负、言语欺负和关系欺负三种。身体欺负是指运用身体力量,通过身体动作来实施的欺负行为,如发生推搡、拳打脚踢等肢体冲突,或者抢夺财物,这是外显的欺负形式,比较容易被觉察。言语欺负是运用语言,通过言语活动来实施的欺负行为,例如当众嘲笑、辱骂对方,以及给对方取侮辱性的绰号等,这种欺凌形式不容易被家长和老师觉察。关系欺负则是运用人际关系或关系网络来实施,例如以孤立、排斥等方式令其身边没有朋友,背后说人坏话、散布谣言等,是比较隐蔽的欺凌形式。此外,在校园欺负中还存在一种特殊的欺负方式,通过网络来达到欺负的目的:在网络上发表对受害者不利的言论,曝光受害者隐私、破坏受

害者名誉,以及对受害者的照片进行侮辱性恶搞等,给受害者心灵造成冲击和伤害。这种欺凌的内容和受害者身份容易被发现,但施害者一方有可能匿名。

在校园欺负事件中,受害者的典型特征是:性格内向、胆小怕事,在校园中形单影只;缺乏社交技巧,在同学中不受欢迎;有身体障碍或者智力障碍;孤僻沉默、表达能力较差;被同学认为性格或行为怪异。欺负者的典型特征是:性格霸道,行为冲动,喜欢使用暴力;缺少同情心,自我中心;家庭中有成员赞成使用暴力,甚至欺负者本身在家就是家庭暴力的受害者。除了受害者和欺负者之外,还有一种被动欺负者。被动欺负者原本没有霸道行为,但在欺负事件中受到欺负者行为的激发,协助及附和欺负者;有些被动欺负者是借此保护自己,与欺负者同伙可以免受被欺负;有些被动欺负者是发现曾经欺负过自己的人也被他人欺负所以趁火打劫,报复曾欺负过自己的人;有的被动欺负者是看见欺负者欺负同学成功后,用语言嘲讽受害者。

校园欺负事件会给受害者的心理造成极大的伤害,消沉抑郁,甚至退学,有的出现自残、自杀行为。史慧静等人的研究发现,在被调查的大学生中,42.8%自我报告曾经卷入校园欺负,与未卷入校园欺负者相比,曾经仅受欺负、仅欺负他人、既受欺负又欺负他人者大学时心理健康状况不良的危险性分别增加49.1%、138.1%和123.8%[1]。许多研究发现,儿童期欺负他人者,长大后发生酗酒、犯罪、反社会等行为的可能性更高。某些心理健康受到严重影响的受害者日后可能会成为校园杀手。国外一些校园枪杀案以及国内的一些校园暴力事件的制造者反映自己曾经是校园里被欺凌的对象。而那些欺凌者的心理健康与行为问题也是值得关注的。他们本身可能是家庭暴力的受害者,内心存在自卑感。

有许多国家都针对校园欺负现象做出了一些干预措施。加拿大安大略省的"让我们一同照亮前路计划"、西班牙在塞维利亚的五所学校实施的玉梭鱼计划、美国的"站起来,伸出援助之手;停止欺凌"运动都是取得了良好成效的干预活动,很值得国内教育界借鉴和学习。

综上所述,学校教育对青少年违法犯罪行为有重要的影响。为了预防青少年问题行为,学校必须端正教育理念,重视学生的思想品德教育和心理健康教育;教育者需要注意教育方式和手段,关注问题学生的教育;学校管理者也应从管理层面重视监控学生不良行为的产生。

第四节 社会文化环境

社会文化环境主要是指一个国家或地区的社会组织和结构、风俗习惯、文化历史传统、生活方式、教育水平、宗教信仰等。一个人在出生以后就要接受社会文化环境的教化和熏陶,逐渐接受社会规范,逐渐成为社会化的公民。在这个过程中,如果个体受到不良的文化环境的影响,则可能会把违抗主流社会价值观的思想观念内化,走上违法犯罪的道路。

在当今社会,信息传播速度极快,多种文化潮流涌现、碰撞。在多种文化交汇的时候,必定会在主流的价值观之外形成一些亚文化观念。一旦青少年接触并认同某种亚文化观念,

---

[1] 史慧静,张喆,夏志娟,等.大学生既往校园欺负行为与心理健康现况的关联[J].中国学校卫生,2015(02).

并且这种亚文化与社会主流的法律规范相左,这些青少年就有可能出现违法行为。因此国家必须在媒体层面严格管制不良文化思想的传播。

影视暴力是一个特别值得注意的现象。Liebert 和 Baron(1972)所做的一个实验中,让实验组儿童观看一部极端暴力性的警匪片,让控制组儿童在等长的时间内观看一部非暴力性电视片。然后让这些儿童到另外一个房间和另外一组儿童玩耍。结果发现那些观看过暴力片的儿童比观看过非暴力片的儿童更具有攻击性。[①]

网络低俗文化的传播可助长犯罪行为。低俗文化主要是指及性和暴力的文化内容。对于未成年人来说,他们尚不具备成年的判断力,自制力差,一旦接触低俗文化,就可能会沉迷于其中,进而做出不适当的行为。即使是成年人,长期沉迷于低俗文化中亦可能会偏离现实,做出越轨的行为。2009年,中国青少年研究中心公布了一项针对"青少年网络伤害问题研究"课题的调查,发现青少年上网时间为全国平均水平的2.3倍,48.28%的青少年接触过黄色网站,43.39%的青少年收到过含有暴力、色情、恐吓、教唆、引诱等内容的电子邮件或电子贺卡,14.49%的青少年因为相信了网上的虚假信息造成了财物或身心的损失及伤害。同时,根据北京市海淀区法院的统计,抢劫罪的数量在1999年以后未成年人犯罪上升为之首,性犯罪案例也有所增加,这两种未成年人犯罪类型八成左右都与网络有关。鉴于不良文化的传播的危害,政府部门一定要严格管控媒体传播的内容,不能让暴力、色情等低俗信息危害未成年人。

在多元文化交汇的国家和地区,例如多个民族居住的地区,人们由于价值观念、生活习惯和宗教信仰的不同,容易发生暴力冲突。文化的多样性会使民众更关注自己所属的亚文化,削弱对国家的认同,助长一些宗教或民族的极端主义思想。在这样的地区,国家应设法加强民众对国家主流价值观的认同,促进民族文化的融合,减少由文化冲突带来的犯罪事件。

[①] 王沛.实验社会心理学——理论·方法·实践[M].兰州:甘肃教育出版社,2002.

第三章
影响犯罪心理形成与发展的内部因素

除了外部环境因素之外,个体的生物学因素和种种心理特征,如犯罪者的需要和动机、人格特征、智力、情绪和道德等也是影响犯罪心理形成与发展的重要因素。

第一节　生物学因素

人既有社会性,又有生物性。人性是复杂的,影响犯罪的因素也是多种多样的。在生物科技日益发达的今天,人们逐渐意识到基因等生理因素的重要性。

一、犯罪者的生理特征

很多人相信自己的直觉,认为仅凭外表就能看出一个人的人品。一些有经验的警察甚至宣称能在茫茫人海中一眼看出谁可能是小偷。那么,坏人真带着坏的样子吗?

古今中外都有一些学者以骨相和面相来推断人的内心。《三国演义》中,诸葛亮因为魏延脑后长有反骨,总想找机会除掉他,以绝后患。传说曾国藩相信"相随心转",在选拔人才时要细心察看面相、举止。苏格拉底也以貌取人,他认定"凡面黑者,大多有为恶的倾向"。如果苏格拉底生活在现代,要被黑人朋友们抨击了。亚里士多德也曾探讨过骨相与犯罪的关系。16世纪末,意大利罗马骨相学家波尔达出版了《骨相学新说》一书,认为人的身体与犯罪有因果关系,犯罪人的犯罪行为是他的"变态的组织体"所不可避免的趋势。18世纪,法国维也纳的一位名叫弗兰茨·约瑟夫·加尔的神经解剖学家及医学家创立了颅相学。他把大脑分成26个区域,头盖骨各部分代表不同的"心能",如耳朵上方头骨为"破坏区",耳朵后上方头骨为"好斗区",从外形上就可以看出一个人是否会犯罪[1]。根据弗兰茨·约瑟夫·加尔的观察,眼睛明亮的人记忆力较好;颅骨突起的人容易因贪婪而盗窃,而颅骨平滑的人则厌恶偷窃等[2]。

龙勃罗梭(1836—1909),这位意大利犯罪学家、精神病学家、刑事人类学派的创始人,也被这个问题深深地吸引住了。龙勃罗梭出生于犹太人家庭,聪明好学。他在维也纳大学学习期间,就对精神病理学产生了兴趣,从而使他具备了研究脑解剖学和脑生理学的能力。在担任佩萨罗地方的精神病院院长期间,他对当地监狱犯人的头盖骨产生了兴趣。有一个恶名昭著的江洋大盗叫维莱拉,他是一个体力强健、行动敏捷、大胆无畏的人,曾令当地人闻风丧胆。1870年11月,当维莱拉死后,龙勃罗梭打开了他的头颅,发现其头颅枕骨部位有一个明显的凹陷处,它的位置如同低等动物一样。由此龙勃罗梭认为自己发现了犯罪人的斯芬克斯之谜:犯罪人在体格和心理的异常方面区别于非犯罪人。

龙勃罗梭研究的犯罪人当然不只维莱拉一个。他对许多罪犯的身体特征都进行了测量,搜集了大量有关犯罪的人类学资料,1876年出版了著作《犯罪人:人类学、法理学和精神病学的思考》。之后龙勃罗梭对这部著作做了多次修订。这部著作确立了龙勃罗梭的基本思想——天生犯罪人论:犯罪是由犯罪人的生物异常引起的,是一种返祖现象,是蜕变到低级的原始人类型,并且犯罪行为具有遗传性。

---

[1] 陈和华.犯罪心理学[M].北京:北京大学出版社,2016.
[2] 孙晓雅.颅相学:两个世纪的魅影[J].成都师范学院学报,2015(05).

龙勃罗梭总结了许多犯罪人的生理特征。例如：犯罪人多数为小头畸形，这种小头畸形在盗窃犯中较为常见，其次是杀人犯和抢劫犯；在身高方面，几乎意大利所有地区，成年犯罪人身高大大超过平均值，而且抢劫犯和杀人犯的身材较高，诈骗犯、强奸犯和纵火犯身材相对而言较矮；在体重方面，纵火犯、诈骗犯和杀人犯大多体重较重，而强奸犯和盗窃犯中，中轻体重者较多；在身体素质方面，犯罪人的胸围比普通人要宽，抢劫犯、杀人犯和纵火犯身材较为灵活，体质强壮，而盗窃犯、强奸犯身体较虚弱，尤其是强奸犯，在盗窃犯、强奸犯和纵火犯中驼背较多；在相貌上，龙勃罗梭认为犯罪人并不比普通人面目可憎，但每种类型的罪犯都有自己典型的相貌，如盗窃犯眼睛小、眉毛浓、鼻子弯曲或塌陷，强奸犯嘴唇厚等。①

龙勃罗梭的研究给自己带来了巨大的声誉，也带来了无尽的争议。许多学者指出，龙勃罗梭发现的犯罪人的特征，在普通人中并不少见，仅凭身体特征来能区分犯罪人和普通人是不科学的。②

另一位以貌取人的学者是克瑞奇默（1888—1964），他试图在体型与心理两者之间建立联系。这位德国精神病学家在精神病院找了一些病人，对他们的体型进行测量，然后将这些病人的体型分为矮胖型、瘦长型、健壮型（斗士型或运动员型）和畸异型。体型不同的人气质也不同，可能患的精神病也不同，犯罪类型亦有所差异。瘦长型的人身材瘦长孱弱，具有分裂气质，性格内向、不擅长交际、孤僻、神经过敏，容易患精神分裂症。矮胖型的人身材和手足粗短，具有躁郁气质，他们性格外向、擅长交际、活泼好动、感情丰富，但是容易患躁狂抑郁症。健壮型的人具有运动员似的体格，不胖不瘦，不高不矮，肌肉发达，他们具有粘着气质，固执、认真、理解迟钝，但情绪具有爆发性，容易患偏执型人格障碍。畸异型的人身体发育不正常，或有障碍，或有残缺、畸形，他们性格大多内向。

克瑞奇默认为，犯罪人中，一般健壮型的人多，矮胖型的人少。矮胖型的人犯罪缺乏规律性，初犯多，容易改过自新而重返社会；而瘦长型的人犯罪的主要类型是盗窃和诈骗；健壮型的人犯罪倾向较大，且物质欲强，理性弱，自我控制能力差，容易产生暴力性的财产犯罪和性犯罪。③

克瑞奇默的研究成果在一些犯罪心理学的经典案例中得到了应用。

 专栏

纽约"炸弹狂"F.P

1940年11月16日，纽约爱迪生公司大楼的一个窗户边发现了一枚没有爆炸的炸弹。炸弹包旁边有一张手写的字条，上写着："爱迪生公司的骗子们，这是为你们准备的。F.P"没有留下任何指纹，炸弹也没有炸。以后5年里，报社、旅店和百货商店也纷纷收到类似的纸条。此后，F.P越来越猖狂，制造炸弹的水平也逐渐提高。到1955年，他在一年中放置了52枚炸弹，其中30枚爆炸了，造成了多人受伤、死亡。公众感到严重不安，称F.P为"炸弹狂"。

---

① 蒋浙安.论龙勃罗梭的犯罪学思想[D].合肥：安徽大学硕士学位论文，2005：4-6.
② 吴宗宪.切萨雷·龙勃罗梭及其犯罪学研究述评[J].刑法论丛，2007(01).
③ 梅传强.犯罪心理学[M].2版.北京：法律出版社，2010.

由于缺少证据,警方对此一筹莫展。纽约警察局的侦探长决定去请教心理分析家布鲁塞尔博士。布鲁塞尔博士根据有限的一点物证对"炸弹狂"F.P做出了15点推论。其中第2个推论是此人是个偏执狂。第5个推论就是F.P的体型不高不矮,不胖不瘦,体格匀称。理由是,根据克瑞奇默的研究,偏执狂的体型大多是健壮的运动员体型。F.P被抓时,侦探长发现布鲁塞尔博士的推论基本是正确的。

然而个别案例的成功并不能说明克瑞奇默的研究是完全正确的。他还是被广泛质疑。其中很明显的缺陷是,他的研究样本是某个精神病院的病人,代表性不够,所得结论不具有普适性,不适宜向普通人群推广。就算精神病人的体型与性格有关系,那么没有精神病的人呢?

综上所述,坏人的外貌和体型究竟是怎样的还不能有定论。尽管已经有学者对此进行了孜孜不倦的探索,但我们只能发现,只有个别犯罪案例能印证外貌与性格、犯罪倾向的关系,要据此在茫茫人海中一眼看出谁是坏人,恐怕还是有难度的。

二、犯罪与基因——犯罪可以遗传吗?

对这一问题持肯定态度的人可不少。例如根据龙勃罗梭的调查,先天性遗传性犯罪人约占全体犯罪人的1/3。有些学者做的家谱研究也支持这一论点。美国学者理查·杜戴尔做过朱克家族的研究。朱克家族的远祖以渔猎谋生,朱克大约出生于1730年,他生性贪婪而好色。在他的后代约1200人中,夭折者300人、乞丐310人、肢体残障者440人、妇女半数以上为娼妓,刑事犯130人、盗贼60人、杀人犯7人,经商者20人,这20名商人中有10人受教于监狱。这些后代都没有接受过高等教育。该家族最后因妇女的不孕症和婴儿的高死亡率而绝后。另一位美国学者郭达德研究过卡里卡克家族。这个家族的祖先叫马丁·卡里卡克,原为英国世家子弟,在美国独立战争时参军。他曾与一位智能有障碍的酒吧女郎生下了一个儿子,叫小马丁。小马丁共繁衍了480个后代,大部分都存在一些社会或心理方面的障碍,其中包括智能障碍者143人、非婚生子女36人、性道德不良者(大多是妓女)33人、嗜酒者24人、癫痫症患者3人、重刑犯3人、开妓院者8人。此外,还有若干其他异常者或越轨者。马丁·卡里卡克后来与一位出身良好的正常的女性结婚,二人共生后裔496人,这496人中除了嗜酒者2人、游民1人外,其余都是正常人。这些比较著名的家族研究似乎都显示了犯罪与某些不良的遗传素质有关。

家族研究不能排除环境的影响。这些家族中出了众多违法犯罪的人或者边缘人,可以说他们具备犯罪基因,也可以说,他们是恶劣的家庭环境、错误的家庭教育方式的牺牲品。

如果犯罪行为与遗传特质有关,那么双胞胎应该更倾向于表现出相似的反社会行为。双胞胎有两种:同卵双胞胎和异卵双胞胎。同卵双胞胎是由同一个受精卵分裂成两个胚胎而成的,接受完全一样的染色体和基因物质,因此他们性别相同,模样极度相似;异卵双胞胎是由两个卵子分别和两个精子结合,是两个不同的受精卵发育而成,是两个独立的个体,在发育过程中有各自独立的胎膜、胎盘和脐带。他们之间的基因物质是有差别的。如果同卵双胞胎显示出更高的犯罪行为相似性,则表现出遗传在犯罪过程中的重要作用。这方面的研究数据不完全一致,但几乎所有的结果都支持这一假设,显示出遗传基因在促进犯罪的过程中扮演着重要的角色。

遗传因素主要通过染色体来影响个体的异常行为。人类共有 23 对染色体,第 23 对为性染色体,决定人的性别,XX 为女性,XY 为男性。世界上有极少数人性染色体异常。有的男性多了一条 Y 染色体,被称为 XYY 性染色体异常综合征,或超雄综合征。

 专栏

"超雄男性"

20 世纪 60 年代,一个名叫理查德·斯帕克的恶魔在芝加哥市制造了一起惊人的谋杀案。他在一夜之间残忍地杀害了 8 名护士,然后把 8 具尸体整齐地排列在郊外的荒野。受害人的每一部分肢体都被匕首深戳了数十刀,每个人的脖子都被一遍遍地切割过;其中两个最漂亮的护士生前曾遭强奸,而 8 个人的内脏都被挖走。这个恶魔很快被抓获后,医学专家全面检查他的身体时,却发现了一个惊天秘密:理查德·斯帕克竟然比常人多了一条 Y 染色体!医学上把这叫作 47XYY 综合征。因为正常人的体内都是 46 条染色体,而他多了这条具有男性特征的 Y 染色体,使他比男人更男人,从而成为最具暴力的"超级男性"。

有研究表明 XYY 性染色体异常综合征者身材较高,其智能发育虽属正常范围,但多偏于中下水平,人格发育多自童年开始就偏离正常,以不稳定性和易于暴发性为突出,容易出现暴力冲动行为,刑事犯罪率较正常人群高,大约可达几倍到十几倍。但也有人指出某些 XYY 患者犯罪是因为神经系统发育异常导致智商较低,所以不会掩饰自己的行为,因此才更容易陷入违法犯罪行为中。另外需要指出的是,大多数罪犯并没有所谓的 XYY 染色体,而且有很多具有 XYY 染色体的男子终其一生也没有过犯罪。例如,法国曾对一些 XYY 染色体男子进行过调查和鉴定,结果表明这些男性既没有犯过罪,也没有过行为异常,他们都遵纪守法,是好公民。丹麦研究人员也做了类似的调查,他们在 1978 年得出的结论是,虽然监狱中有 XYY 染色体的犯人比率比较高,但他们的罪行几乎都是非暴力的。他们的犯罪率比较高只能以智力较低来解释。1973 年,美国科学院根据许多调查和研究结果做了一个正式的表态,认为 XYY 染色体具有犯罪倾向的假说未经充分的证明,即否定了这一假说。

1993 年美国和荷兰研究人员的一项合作研究结果表明,具有 XYY 染色体的男性的确有容易犯罪的倾向,但这不仅仅是与多余的那条 Y 染色体有关,而且与 X 染色体也有关。研究人员以一个荷兰的犯罪家庭中为例,这个家庭有 17 名成员,所有人都有一段暴力史。其中有 5 人是严重的犯罪,1 人强奸了自己的妹妹,1 人在精神病院用餐具刺杀工作人员,1 人患有露阴癖,常常在大庭广众之下制造事端,而且开车压伤了自己的老板,其余 2 人是纵火犯。值得注意的是这个家庭中的女性没有犯罪记录。科学家发现这个家族的人存在一个共同点,他们的 X 染色体上某一特定部位的基因存在缺陷,而这一部位的基因正是为单胺氧化酶编码并产生该酶的基因(该基因也与精神病有关)。人脑中的单胺氧化酶,可将单胺分解成血清素。后者可以清洗人的大脑,以使大脑保持清醒。但为单胺氧化酶编码的基因(在 X 染色体上)有缺陷,就不能产生正常的单胺氧化酶,于是大脑中的单胺含量就会过多,而血清素则过低,也就使人产生烦恼、易怒、冲动、自制力差和易于产生暴力行为等。这个家族的男子就是体内基因缺陷而致单胺氧化酶不足,最后造成易冲动和具有暴力倾向的行为[1]。另有科学实验发现,如果抽空老鼠体内的单胺氧化酶 A 基因(MAOA),或者让其失效,老鼠就会变得非常富有攻击性。如果把该基因重新注入老鼠体内,它们就会回归正常的行为模式[2]。单胺氧化酶基因的一个重要作用是平衡大脑中 5-羟色胺的分泌。5-羟色胺的浓度水平会影响人们对愤怒情绪的控制。因此,MAOA 基因会影响到个体的情绪水平,进而对其攻击行为产生影响。

这些证据能说明犯罪完全是由基因决定的吗?并不能。

尽管科学研究发现,低活性单胺氧化酶(MAOA-L)基因通常与暴力和攻击相联系,但世界上大约 1/3 的人都有这种所谓的"战士基因",可是世界上暴力犯罪的人并没有那么多。原因在于,在拥有"战士基因"的基础上,这种基因能否被激活,关键还在于这个人拥有怎样的童年生活。如果携带低活性单胺氧化酶基因的人又遭遇了童年不幸,比如被虐待,这样的人容易在青春期和成年早期发生犯罪行为。但如果这样的人拥有幸福的家庭和快乐的童年生活,则可能出现另一种情景。

吉姆·法隆是美国加利福尼亚大学的科学家,主要研究人类大脑。他曾经在美剧《犯罪心理》第五季中客串演出,本色出演了自己。吉姆·法隆从小生活愉快,成绩优异,成长顺利,一直是家庭和社会的宠儿,称他是人生大赢家一点都不为过。某天他竟然发现自己父亲的家族就是臭名昭著的康奈尔家族,出现过相当数量的恐怖杀手。于是他对自己做了基因检测,发现他具有相当多的与暴力精神变态行为相关的基因。用他自己的话说:"那些杀人犯和精神变态者的危险基因比我的少很多,我几乎拥有他们所有人的危险基因。"

但是成为杀人犯并不是他的宿命。他是一个学识渊博、受人尊敬的教授。他认为是快乐的童年生活帮助他抑制了潜在的暴力基因。

"如果一个人有着相当危险的犯罪基因,而他的童年生活又很扭曲畸形,那他一生中犯罪的概率就会高得多;但如果一个人的高风险基因没有遭到激活,那他其实也没什么危险。那不过基因而已,那些变体对人的行为确实没有多大影响,但在某种环境条件下,情况就截然不同了。"

——吉姆·法隆

所以说,犯罪基因通常要在恶劣的成长环境中才起作用。仅有基因并不一定能让人成为罪犯。

三、犯罪与血型

1902 年,奥地利维也纳大学的病理学家卡尔·兰德斯泰纳和他的学生发现了四种血型:A 型、B 型、O 型和 AB 型。随着科学的发展,一些稀有血型陆续被发现。目前,人类已知的血型总数有 35 种,不过,大众所熟知的还是最初发现的四种。血型是人体重要的生理特征。如果你认同生理因素会影响犯罪的话,那么血型会影响犯罪吗?

如果血型能影响犯罪,那它应该主要是通过气质、性格等心理现象来影响的。那么血型

---

[1] 乔梁. 杀人成瘾与"犯罪基因"[J]. 百科知识,2012(14).
[2] Curt R. Bartol, Anne M. Bartol. 犯罪心理学[M]. 11 版. 李玫瑾,等,译. 北京:中国轻工业出版社,2018.

跟性格类型有关吗？让我们摒弃不靠谱的推测和传说，看一下国内外学者的研究。

日本人非常重视血型，以日本东京女子高等师范学校的教师古川竹二为代表的学者热衷于对血型的研究，甚至形成了自己独特的血型文化。可以说，日本人对血型的推崇，与欧美人对占星术的迷恋、中国人对周易的敬重旗鼓相当。日本人还将血型知识应用到社会的各个阶层以及生活的方方面面，例如求职、择偶等人生大事。甚至在政治选举时，媒体也会很八卦地报道候选人的血型。据调查，约70%的日本人相信血型与人格之间有关系。

最先提出性格血型学说的是日本学者古川竹二。他依据自己的日常观察和调查研究，于1927年提出了"人因血型不同，而具有各自不同的气质；同一血型，具有共同的气质"的论断。古川竹二根据血型将人的气质划分为A型、B型、O型和AB型四种，其中：A型的人内向保守、多疑焦虑、富感情、缺乏果断性、容易灰心丧气等；B型的人外向积极、善交际、感觉灵敏、轻诺言、好管闲事等；O型的人胆大、好胜、喜欢指挥别人、自信、意志坚强、积极进取等；AB型的人兼有A型和B型的特征[①]。古川竹二的学说在民间颇有影响力。

这些在民间被广泛传播的说法，在学术上是有极大争议的。早在2005年，台湾有学者调查了2681人，没有发现血型和性格存在联系。日本九州大学讲师绳田健悟带领的研究小组在日本心理学会2014年6月出版的新一期会刊《心理学研究》上报告：他们对一项包括1万多名日本人和美国人在内的大规模调查数据进行统计学分析后，发现血型与性格之间真的没有关联性，因此断定血型决定性格的说法缺乏科学依据。

我国也有学者对血型与人格关系做了认真的学术调查。张仁伟在2003年用问卷形式对来自华东理工大学、同济大学和华东师范大学的376名大学生进行了调查研究，发现血型性格的关系学说在大学生中有很大的影响力，相信血型论或对其感兴趣的学生所占比例比较大；女生对血型性格判断的熟悉程度明显高于男生。研究者又用YG人格测验（由日本京都大学教授矢田部达郎、关西大学教授过冈美延和京都大学名誉教授园原太郎根据美国心理学家吉尔福特编制的人格测验，于1957年共同编制的YG人格测验。）测量了2065名大学生的人格与血型，发现血型与YG人格类型之间没有显著的相关性；血型与某些人格特征存在某种相关，即A型的人易于抑郁、较为神经质、习惯于内向思考；B型的人攻击性较低；AB型的人支配性较强。但性别与血型在抑郁性、主客观性、乐天性和支配性等YG人格特质上存在交互作用，即A型男生易于抑郁，A型女生主观性强，O型男生较为乐观，O型女生易于抑郁、主观性强，AB型男生较为乐观、支配性强。研究者还用艾森克人格问卷（EPQ）有效测量了313名大学生，发现血型与精神质相关，即O型的人比A型和B型的人更精神质，更倔强固执；血型与掩饰性相关，即AB型比其他三种血型、O型比A型和B型更倾向于掩饰自己；血型与内外向性、情绪稳定性没有显著的相关性[②]。

许家驹、邬建民等在1981年调查了552例精神分裂症患者的血型与其性格、病型的关系，发现A、B、O血型在精神分裂患者中的分布与在普通对照组中的分布并没有显著不同，而且A、B、O血型与性格并无关系，但AB型比O型、B型的患者更容易患青春型精神分

---

① 张仁伟,孔克勤.血型与性格关系研究的回顾与思考[J].心理科学,2002(06).
② 张仁伟.血型与人格关系的研究[D].上海：华东师范大学,2003.

裂症。①

钟真一、王乃红等使用艾森克人格问卷调查了成都市3366名街头自愿无偿献血者,结果发现不同血型与多项个性量表的评分值之间无统计学差异,血型与性格之间不存在必然的内在联系。②

综合各种研究来看,血型是一种生理特征。人格是个体在自身生理基础与外在社会因素的影响之下逐渐形成的,血型最多影响部分人格特征。由于不同的学者对人格结构的看法不一致,使用的人格问卷有差别,导致对血型与人格关系的研究难以得出一致的结论。

在此基础上,人们再去探讨血型与犯罪的关系,会有什么样的结果出现呢?

马德禄、郭文范1991年通过对山东菏泽劳改队1687名成年罪犯的血型进行调查分析认为,血型与总的犯罪无关,但与犯罪形式有关。具体如下:

强奸杀人等暴力犯罪中,男性B型血(33.6％)明显高于其他血型,也高于社会公民同血型(31.3％)比例(研究者没有对这两个百分比进行显著性检验,这是很可惜的),而O型血(27.2％)明显低于其他血型,也低于社会公民同血型(31.8％)的比例,与日本新潟县少年管教所少年犯罪率O型血(44.4％)高,B型血(19.4％)犯罪率低的比例相反。女性暴力犯罪O型血(37％)高于其他血型,B型血(26％)明显低于其他血型,与日本新潟县少年管教所少年犯罪血型分布一致。女性在偷盗罪中,A型血和AB型血犯罪率为0,B型血(38.9％)和O型血(61.1％)显著高于社会公民的同血型比例。③

诸慰祖和王国祥在1993年通过搜集250名犯罪分子的血型,发现血型与犯罪之间确有某种联系:O型血犯罪率高,B型血犯罪率低,A型血及AB型血的犯罪率同它们在我国总人口中的分布比例差不多。在强奸犯中,O型血最多,而且比O型血在我国总人口中的分布比率高20个百分点;AB型血虽居第四位,但它与AB血型在全国总人口中的比率相等;B型血和A型血居第二位和第三位,然而与B型血和A型血在全国人口中所占比例相比,前者低9个百分点,后者低11个百分点。而在杀人犯中,A型血明显地高于其他血型,比A型血在全国人口中所占比例高出25个百分点。AB型血虽居末位,但比它在全国总人口中的分布比例高9个百分点。在此项调查中,杀人犯中竟无一例是O型血。

毕鸿雁和章恩友选取了河北省冀东监狱1994年10月份入狱的147名犯人为研究对象,发现血型与犯罪类型是互相独立的,二者没有必然的联系。④

综上所述,关于血型与犯罪问题之间关系的研究缺乏一致的结论。笔者认为这一现象是由以下因素导致:

第一、研究样本的不同。现有的研究都是针对某一个地方监狱的部分犯罪人,不具有广泛的代表性。在样本量较小、并且被试不是随机选取的时候得出的结论容易出现偏差。

第二、犯罪本身就是一个受多种因素影响的复杂现象。血型只是无数生理现象中的一种,它对人的性格、思维方式等的影响本身就有争议,对犯罪现象的影响就更难以达成一致

---

① 许家驹,邬建民,江三多,等.552例精神分裂症的血型与其性格、病型、家族遗传史关系的调查[J].神经精神疾病杂志,1981(06).
② 钟真一,王乃红,欧阳旭伟.街头无偿献血者ABO血型与性格的调查研究[J].中外医学研究,2011(13).
③ 马德禄,郭文范.血型与犯罪[J].菏泽师专学报(社会科学版),1991,(04).
④ 毕鸿雁,章恩友.血型与犯罪关系新探[J].青少年犯罪问题,1999(02).

意见了。

近年来大众和学术界对血型与人格的关系不再像以前那样热衷,对血型与犯罪关系的探讨也没有很大进展。所以,要搞清楚二者的关系,我们还需要期待更多有价值、有说服力的科学研究出现。

四、犯罪与脑功能失常

大脑是控制人类心理与行为的司令部。如果人的脑部遭受伤害会引起脑功能失常,导致个体出现情绪失控和性格剧变,进而行为异常。

 专栏

德克萨斯钟楼狙击手

事发时查尔斯·惠特曼是一位24岁的德州大学的学生,前海军陆战队员,于1966年8月1日,在奥斯丁的德克萨斯钟楼上,随机射杀18人,另有30人被射伤。随后查尔斯·惠特曼被警方击毙。此前,他已经将母亲和妻子杀死,并射杀了钟楼管理员以及正在钟楼上观光的母子3人。他曾在日记中透露,他去见过医生,想让对方明白自己的大脑可能出了问题,以至于无法抑制暴力的冲动。最终法医证实了他的猜测。经尸体解剖,查尔斯·惠特曼的颅内有一枚直径约硬币大小的恶性肿瘤。恶性肿瘤长在丘脑下方,并侵入下丘脑,压迫着1/3的杏仁核。杏仁核受损的人,会出现严重的社会情感障碍,例如缺乏恐惧感、感情迟钝或是反应失当等。查尔斯·惠特曼不可遏制的暴力冲动或许来源于此。

2018年3月,英国埃克塞特大学的一项研究发现,许多犯人强烈的犯罪倾向和犯罪问题与外伤性脑损伤有关。一旦大脑受到严重撞击,如遭受殴打、摔倒或者车祸,会导致大脑发生永久性变化,进而影响负责自我调节和社会行为的大脑功能,并且会使伤者患上行为和精神疾病的风险增加。在这项研究中,研究人员发现10%~20%被拘留的人患有复杂的轻度创伤性脑损伤或者严重的脑损伤,另外有30%~40%被拘留的人患有更轻微的外伤性脑损伤。这项研究的负责人提倡要对那些脑部受到创伤的患者进行积极治疗,以减少他们受伤后的犯罪风险。

菲尼亚斯·盖奇是心理学中最著名的脑损伤病人。他是一名建筑工人,在铁路施工现场被一根钢管刺穿脑袋,但他并没有死,而是神奇地活了下来,从此变成了另外一个人。原来的菲尼亚斯·盖奇斯文有礼貌,做事干练。伤后的菲尼亚斯·盖奇失去了分辨是非的能力,无法控制自己的脾气,从一个顾家好男人变成一个粗暴、打架、酗酒、骂人的人。最终他失去了铁路上的工作,后半生过着潦倒的生活。后来的研究者认为是那次意外导致的前额皮质受伤让菲尼亚斯·盖奇性格大变。

明显的脑损伤与行为改变之间的关系比较容易探知,但也有些暴力者的脑损伤是不明显的。英国神经学家艾德·瑞恩和他的团队扫描了许多谋杀犯的大脑,发现几乎所有谋杀犯大脑都有相似的差异:他们的大脑中控制情绪冲动的前额皮质层区域都不活跃,而产生情绪的杏仁核区域却相当活跃。研究者认为出现这种情况可能是因为这些谋杀犯在童年的时候遭受了虐待,大脑受到了创伤,令他们的前额皮质非常脆弱,长大后容易做出暴力行为。

在艾德·瑞恩的研究对象中,有一位谋杀犯曾经回忆自己还是婴儿的时候,母亲就经常晃动他,长大一点之后,母亲的虐待行为变本加厉,几乎每天都会暴打他。

但在所有的谋杀犯中,毕竟只有一部分人曾经遭受过虐待和脑创伤。除了脑创伤之外一定还有其他因素造就了犯罪。脑创伤只能是影响犯罪行为的众多因素之一。

第二节 犯罪者的需要和动机

一、犯罪者的需要

每个人行为的背后都有某种需要的驱使,犯罪行为也是如此。需要是有机体内部的一种不平衡状态,也是个体行为动力的重要源泉。

人有多种类型的需要。如果按照需要的起源,我们可以把需要分为生理性需要和社会性需要。前者指饥、渴、睡眠、性等保持和维持生命和延续种族的需要;后者指获得他人尊重、获得名誉地位等后天发展的与人的社会活动相联系的需要。如果按照需要满足的对象可以把需要分为物质需要和精神需要。物质需要是指对具体有形的物质产生的需要,主要是为了满足生理方面的不平衡,如衣食住行等。精神需要指文化生活、兴趣、理想、名誉、友谊等满足精神欲求的需要。

美国人本主义心理学家马斯洛认为人的需要由五个等级构成:生理需要、安全需要、爱与归属的需要、尊重的需要、自我实现的需要。前四个属于人类的基本需要,是人类生存所必需的。自我实现的需要是发展性、成长性的需要,是高级需要。高级需要不像其他需要一样迫切,很可能因为条件的限制推迟出现。但高级需要的满足能引起更满意的主观效果,即更深刻的幸福感、满足感、宁静感,以及内心生活的丰富感。

犯罪者的需要也是多种多样的。犯罪者的需要与普通人的需要既有相同的地方,也有不同之处。

首先,人的需要本身是无所谓善恶的,犯罪者也有正常的、合理的需要。他们也要满足衣食住行等基本需要,也需要追求性欲的满足,也有名誉、兴趣、理想等精神需要。但犯罪者在满足这些合理需要的时候可能采取的方式、手段是非法的。比如同样是满足性的需求,普通青年采取尊重异性、追求爱护异性,进而恋爱结婚的方式,有些罪犯则采取了猥亵、强奸等非法方式。同样是满足物质方面的需求,普通人采取合法劳动、诚信经营的方式赚取金钱,罪犯则采取了偷盗、抢劫、诈骗等非法方式。

有些犯罪行为是在个体的不现实需要的推动下进行的。不现实需要是指那些内容合理但当前条件下不能获得满足的需要。比如在工资收入低的时候想拥有豪华别墅,在没有恋爱对象的时候想满足性的需要。这些需要本身并不是"坏的",也不是反社会的,只是不现实的,个体目前的情况无法用合法的手段满足这些需要。如果个体对这些不现实需要不加管控,甚至用非法手段去达到目标,就会导致犯罪行为的发生。比如个别女性贪图物质享受,为了买到奢侈品而去卖淫;个别贪官想过上奢侈的生活,仅靠工资不能满足这一需要,所以贪污受贿。

有的犯罪者的犯罪行为是为了满足其畸形的、病理性需要。例如有的人对追求刺激有着病态的需求,甚至以违法犯罪为乐趣;有的恋童癖患者为了满足其倒错的性欲而去侵害儿童等。如果个体为了满足病理性需要而去损害他人的利益,就要受到法律的惩罚。如果具有病理性需要的人采取合法的形式满足需要则不应受到谴责。例如,恋物癖患者如果只是通过购买等合法方式搜集能满足其性欲的物品就不会伤害他人,如果采取偷盗等形式去搜集满足其性欲的物品则是违法的。

因此,人的需要不管是现实的还是不现实的,是常态的还是病态的,只要通过合法的手段去满足就不具有邪恶性质,不构成犯罪。只有在采取非法形式去满足需要的时候,才会产生犯罪动机,进而产生犯罪行为。

二、犯罪动机

动机是指激发、推动和维持个体行为的心理动因或者内部动力。人的动机由其需要所激发,当需要指向一定的目标时,变为动机。动机是在需要的基础上产生的,没有需要就不可能有动机,需要是动机产生的源泉。所谓犯罪动机,是指推动或促使个体实施犯罪行为的内部动力。

(一) 犯罪动机的特点

犯罪动机与一般的动机不同,因为犯罪动机与犯罪行为相联系,所以它具有自己的特点。

1. 主观恶意性

犯罪动机导致犯罪行为,犯罪行为总是危害社会的,是恶性的,虽然不同的犯罪动机反映出犯罪人主观恶性的不同程度,但犯罪动机一般是恶性的。如杀人犯罪中的报复、恶意取乐等动机,财产犯罪中的侵占他人财产、满足自己的物质需要等动机。

2. 复杂性

在现实生活中,隐藏在个体行为背后的动机常常不止一个,而是同时存在着多种不同的动机。这些动机的内容、强度各不相同,构成了一个复杂的犯罪动机体系。相类似的犯罪动机可以表现在不同的犯罪行为中。如贪财这一常见的犯罪动机,可以反映在盗窃、诈骗等财产犯罪行为中,也可以体现在抢劫、杀人等暴力犯罪之中;另一方面,许多犯罪行为背后不只是一个犯罪动机,而是两个或两个以上犯罪动机,即综合性犯罪动机。如某个罪犯的杀人行为可能是在贪财和报复两种动机促使下发生的。在多个动机之中,最强烈、最稳定的动机称为主导性动机,它对个体行为具有更大的引导、维持和调节作用。其他次要的动机称为从属性动机,它们对个体的行为也有引导和调控作用,但是所起作用没有主导性动机大。可见,犯罪动机与犯罪行为不是简单的一一对应的关系,而是具有复杂性。

3. 相对性

犯罪动机是与犯罪行为相联系的、相对的概念。没有犯罪行为就没有犯罪动机可言。无论一个人的动机是多么的卑鄙和邪恶,只要它引发的行为不是犯罪行为,而是一个一般的错误行为或不道德的行为,那么,我们就不能把它称为犯罪动机,而只能将其看作是一般意义上的动机。

4. 低级性

在一般人中,既有低级的生理需要,也有高级的社会需要。每个人在满足了生理需要之后,一般会发展出一些较为高级的社会性需要和精神需要,对低级需要的追求是有限度的。但在许多犯罪人那里,他们的犯罪行为主要是为了满足一些低级的需要,低级的生理性的需求占据了他们生活的主要部分。可以说,由较高的社会需要、精神需要引起犯罪动机比较少。这主要是因为犯罪分子的受教育程度和知识水平一般比较低,生活环境较为恶劣,由此而形成的世界观和人生观往往是比较低级的。

5. 动态性

一般情况下人的行为背后的动机不是一个,而是同时存在种种不同的动机。犯罪动机是各种不同的动机斗争的结果。因此犯罪动机自形成之时起,即处于不断的变化和冲突之中,是一种动态的心理过程。在犯罪过程中,犯罪动机的强度有时候会增加或者减弱,有时候会因为其他原因而放弃犯罪行为致使犯罪动机消失,或者因为犯罪行为完成而使犯罪动机消失,或者出现了其他的犯罪动机取代了原有的动机而导致行为性质出现变化。在甘肃"8·05"系列强奸杀人案中,犯罪人高某某在第一次行凶杀人时,最初的犯罪动机是趁着受害者睡着而入室盗窃,窃取财物。由于受害者忽然惊醒,高某某怕行窃罪行暴露而杀人灭口。最初的侵财动机转变为杀人动机,是犯罪动机向恶性方向的转化。

(二) 犯罪动机的功能

1. 激发功能

犯罪动机具有激发或引起个人进行犯罪行为的功能。只有形成犯罪动机,才有可能转化为犯罪行为。犯罪行为的背后一般有犯罪动机的推动。谋财的动机能激发犯罪人的盗窃、抢劫、诈骗等犯罪行为,满足性欲的动机会激发犯罪人的嫖娼、强奸等违法犯罪行为。

2. 指向功能

犯罪动机会引导犯罪行为指向某种目标或对象。犯罪动机产生之后,促使犯罪人有了明确的犯罪目的或犯罪目标,从而对犯罪人的思想、行为产生调节和指导,使它们朝向犯罪目标的方向进行和发展,促使个体选择达到犯罪目标的方法和手段,寻找有利的犯罪情境,选择合适的犯罪对象,进而排除各种干扰和困难,将犯罪行为顺利实施。

3. 维持和调节功能

犯罪行为的实施往往不是一蹴而就的。在这个过程中,犯罪动机会发挥它的维持和调节功能。当犯罪行为按照行为人预先设想的模式朝着既定目标进行时,犯罪动机会维持这种状态;当发现偏离预定目标的时候,就会不断进行调整,使之回到原来的轨道上。

(三) 犯罪动机的类型

(1) 以产生动机的不同需要为标准,可以分为物质性的犯罪动机和精神性的犯罪动机,或者分为生物性的犯罪动机和社会性的犯罪动机。

(2) 以犯罪动机产生的过程长短为标准,可以分为渐变犯罪动机和突发犯罪动机。

(3) 以犯罪动机被个体意识到的水平为标准,可以分为意识到的犯罪动机和未被意识到的犯罪动机。一些精神病人或未成年人可能会在模糊的、未被意识到的犯罪动机支配下出现危害社会的行为。

(4) 根据犯罪动机的作用,可以分为主导性犯罪动机和从属性犯罪动机。前者是在犯罪者动机体系中比较强烈和稳定的动机,后者是在犯罪者动机体系中比较微弱和易变的动机。

(5) 根据犯罪动机的内容,可以将犯罪动机分为贪利动机、报复动机、性动机、恐惧动机、好奇动机,等等。

(四) 犯罪动机的转化问题

由于犯罪行为和犯罪动机的复杂性和动态性等因素的影响,犯罪动机常常发生转化,尤其是在一些初犯者身上更为明显。在筹备实施犯罪行为的过程中,由于种种客观和主观因素的影响,个体内心会有多种心理冲突,可能使个体的犯罪动机发生转化。在犯罪行为实施的过程中,由于环境的变化、与受害者的互动等,会让犯罪人产生内心冲突,比如,是停止犯罪还会继续实施,是采用旧的方案还是临时更改方案,是采用缓和的犯罪手段还是采用残忍的犯罪手段等,这些冲突都可能会引起犯罪动机的转化。在犯罪实施以后,由于犯罪后果的呈现,在逃避追捕或投案自首、将功补过或继续犯罪等内心冲突的作用下,会引起犯罪动机的转化。

犯罪动机的转化,有时候是良性转化,有时候是恶性转化。犯罪动机的良性转化,是指在准备或实施犯罪的过程中,由于内外因素的影响,使犯罪人放弃犯罪动机,停止犯罪行为,或者减轻犯罪行为的反社会性,实施危害较小的犯罪行为。犯罪动机的恶性转化,是指在准备或实施犯罪的过程中,由于内外因素的影响,使犯罪动机的反社会性增强和产生了更为严重的形式。

由于犯罪动机可以转化,我们可以利用这一现象为自己创造有利的条件。比如在客观环境方面,加强安全防护、保安巡逻或者高科技的防盗系统,这些因素可以让有盗窃动机的人知难而退。在遇到抢劫财物等恶性事件时,受害者要冷静应对,以免激怒犯罪分子,恶化其犯罪动机。

第三节　犯罪者的人格特征

在心理学上,人格是构成一个人的思想、情感及行为的特有统合模式,这个独特模式包含了一个人区别于他人的稳定而统一的心理品质。人格的结构包含了气质、性格、自我调控和认知风格等。在犯罪心理学上,关于犯罪者人格特征的研究,有的仅探讨气质与犯罪的关系,有的则采用人格问卷探讨犯罪者的多项人格特征。

一、气质与犯罪

气质是表现在心理活动的强度、速度、灵活性和指向性等方面的一种稳定的心理特征。它是个体先天而成的脾气和禀性。关于气质的类型,最为大众所熟悉的是四种类型:多血质、黏液质、胆汁质和抑郁质。这种划分方法来源于古希腊时期的希波克拉底和罗马医生盖伦的体液说。体液说认为人体内存在四种不同的液体:血液、黏液、黄胆汁和黑胆汁。这四种液体在人体内的不同比例造成了人具有不同的气质。多血质是血液占优势,黏液质是黏液占优势,胆汁质是黄胆汁占优势,抑郁质是黑胆汁占优势。四种气质类型的人在行为方式上表现不同。多血质的人活泼好动、反应敏捷、灵活、亲切、乐于与人交往、注意力转移快、兴趣和情绪容易变化、外向。黏液质的人安静、沉着、稳重、坚毅、沉默、注意力稳定但难以转移、冷淡、缺少活力、内向。胆汁质的人生机勃勃、精力旺盛、热情、急躁、容易冲动,心境变化剧烈、外向。抑郁质的人多愁善感、孤僻、感受性强、善于觉察他人不容易察觉到的细节、内向。

体液说是医学不发达时期的产物,缺少科学依据。但据此提出的四种典型的气质类型一直到现在都深具影响力。

巴甫洛夫根据神经活动的基本过程(兴奋和抑制)的三种特性(强度、平衡性、灵活性)把气质划分为四种基本类型:活泼型(强、平衡、灵活)、安静型(强、平衡、不灵活)、兴奋型(强、不平衡)、弱型。活泼型大概相当于多血质,安静型相当于黏液质,兴奋型相当于胆汁质,弱型相当于抑郁质。

在现实生活中,完全属于某种典型气质的人比较少,大多数人的气质是接近某种气质类型或者是几种气质类型的混合。气质没有好坏之分,仅气质本身并不会导致人们产生越轨行为。但气质类型代表人的某种行为特征,犯罪人的行为特征则可能与他们善于采用的犯罪方式有关。

张卿华和王文英在20世纪80年代初用他们自行设计的"神经类型测试表",对26 852人进行了神经类型的测试。根据所得测验材料,他们把人的高级神经活动类型分为10种:灵活型、安静型、兴奋型、抑制型、中间型、弱中间型、迟钝型、泛散型、黏滞型和模糊型。其中强型(包括灵活型、安静型、兴奋型、抑制型)占24.30%,中间型占62.5%,弱型(弱中间型、迟钝型、泛散型、黏滞型和模糊型)占13.2%。在此研究基础上,苏州大学周川等人在1982年对某市少管所的151名少年犯进行了调查,发现少年犯中强型和弱型的比例高于常模,而中间型则显著低于常模,呈现出强弱两极分化的特点。这项研究还发现,暴力犯罪者当中强型比非暴力犯罪者的强型多;盗窃犯中灵活型(相当于巴甫洛夫的活泼型)、安静型气质的人较多。这项研究说明气质类型与犯罪类型存在一定的关系。

我国学者刘邦惠指出,气质既不能直接推动也不能阻止犯罪心理的形成和犯罪行为的发生,但是,当一个人已经形成了不良的人格品质,走上犯罪道路之后,其气质特点就会对犯罪心理和行为产生影响。这种影响主要表现在以下两个方面:

(1) 使犯罪类型打上气质特征的印记。有资料表明,在暴力犯罪或激情犯罪中,胆汁质的人居多;在盗窃犯中,多血质、黏液质的人居多。

(2) 不同气质类型的人在具体的犯罪过程中有不同的特点。如胆汁质的人在犯罪时比较冲动,预谋性差,但行动迅速;黏液质的人不易激动,情绪稳定,在犯罪时常常计划周密,预谋性强。[1]

二、人格与犯罪

(一) 犯罪者人格缺陷的研究

由于心理学家对人格的界定存在差异,他们所编制的人格问卷所测量的内容就有差别,

---

[1] 刘邦惠.犯罪心理学[M].北京:科学出版社,2004.

使用不同的人格问卷测量出的人格与犯罪行为的关系自然也不尽相同。

艾森克的人格理论代表了人格的生物学取向。他认为人格中存在三个超级特质：外向性（extroversion, E）、神经质（neuroticism, N）和精神质（psychoticism, P）。外向性表现为内、外倾向的差异，在这个维度上得分高的个体性格外向。神经质代表情绪稳定性的差异，在这个维度上得分高的人情绪不稳定。精神质表现为孤独、冷酷、敌视、怪异等偏于负面的人格特征。艾森克还从巴甫洛夫的条件反射理论中借用了一些概念，试图解释某些人不能服从社会规则的原因，并揭示反社会者与遵从社会规范者之间的差异。他认为在形成条件反射的速度、强度和维持时间等方面存在着先天的个体差异，这种生理上的差异是人格差异的重要基础。人们的道德观念、良心、法制观念等都是通过社会化条件反射机制形成的。条件反射能力强的人，形成较强的法制观念和社会道德感；而条件反射能力弱的人，则表现出相反的个性特点。条件反射能力强者多为内向型人格，其神经质人格维度较低；条件反射能力弱者多为外向型人格，其神经质人格维度较高。对先天条件反射能力低的人，可以由增加条件刺激与非条件刺激结合的次数加以弥补，也可以由良好的社会教养加以弥补。这里可以看出艾森克对社会教化作用的重视。个体的大脑皮层兴奋性水平或者说神经系统的唤醒水平也存在个体差异。皮层兴奋性水平低者，表现为外向型人格特质，主动活跃地寻求刺激，以提高皮层的唤醒水平弥补先天之不足。皮层兴奋性水平较高的人表现为内向性个性特征，沉静稳重，与外界接触少，以避免过多刺激而导致更高的皮层兴奋性水平。根据艾森克的人格学说，犯罪的青少年与正常青少年应具有不同的人格。在艾森克人格问卷的精神质维度上得分高的个体可能会发展出反社会行为；表现出低唤醒水平和较差的条件反射能力的外向型的人更可能成为犯罪者；犯罪者在神经质维度上的得分也会较高，这样的人情绪不稳定，表现出非理性特征，具有强烈的反社会倾向。

艾森克人格问卷包含了四个分量表：外向性（E）、神经质（N）、精神质（P）和掩饰性（L）。彭运石等（2013）将16～19岁男性犯罪青少年的艾森克人格测验结果与艾森克人格测验第二次全国常模样本的平均数进行比较，发现犯罪青少年N（神经质）和P（精神质）均显著高于全国常模，L（掩饰性）则显著低于全国常模，E（外向性）没有显著性差别。[1]王超（2017）对351名男性成年犯罪人的研究发现，犯罪人在神经质、精神质、掩饰性三个分量表上的得分均显著高于普通男性常模，而在外向性分量表得分上与全国常模并不存在显著差异。[2]杨慧芳（2003）对925名的女性违法犯罪者的研究发现，女性犯罪者在人格的P（精神质）和E（外向性）维度上的得分显著低于男性犯罪者，在N（神经质）维度上的得分与男性犯罪者的差异不明显。进一步回归分析发现，精神质对女性暴力犯罪有显著的预测作用，但从整体上来看，人格并不是女性犯罪行为发生的最有预测力的因素。[3]张春妹、邹泓（2006）总结国内外多项研究发现，在三个人格维度中，精神质与青少年犯罪有最稳定的相关，能显著地预测青少年犯罪，并且精神质对青少年犯罪的预测力比对成年罪犯的预测力更强。外向性和神经质的预测力需要对青少年犯罪在不同年龄、不同犯罪类型和犯罪严重性，甚至是自我报告的犯

---

[1] 彭运石, 王玉龙, 龚玲, 等. 家庭教养方式与犯罪青少年人格的关系：同伴关系的调节作用[J]. 中国临床心理学杂志, 2013(06).

[2] 王超. 犯罪人的人格差异实证研究[J]. 江苏警官学院学报, 2017(01).

[3] 杨慧芳. 女性犯罪者的人格、应付方式、情境因素与犯罪行为的研究[D]. 上海：华东师范大学, 2003: 41-42.

罪还是官方记录的犯罪上进一步进行区分。① 可见由于样本的差异,关于犯罪人的人格特质的研究出现了一些差别。从理论上来讲,精神质与犯罪的相关应该是比较稳定的,因为精神质这一维度包含了许多人格的负面特征。神经质维度可能与暴力、冲动性的犯罪行为关系较为密切一些。至于外向性维度与犯罪行为的关联则有待商榷。另外,这些研究如果把犯罪人区分为不同的类型,探讨不同类型犯罪人的人格特质,或许结论会更科学一些。

16PF 是卡特尔制定的人格问卷,我国引进、修订较早,应用较多。16PF 包含了 16 种人格特质:乐群性、聪慧性、情绪稳定性、恃强性、兴奋性、有恒性、敢为性、敏感性、怀疑性、幻想性、世故性、忧虑性、激进性、独立性、自律性、紧张性。卡特尔认为在每个人身上都具备这 16 种特质,只是在不同的人身上的表现有程度上的差异。何胜兴(2002)采用 16PF 对 121 例男性戒毒劳改人员的人格特征进行测量,发现这些戒毒人员人格因素主要有高兴奋性、高敢为性、高乐群性、高幻想性、低有恒性、低独立性、低聪慧性。从中可以看出吸毒者易兴奋、胆大冲动、对他人依赖、思想不现实、不理性、做事缺乏耐心和坚持性,以及缺少智慧等人格缺点。

另外,还有一些常用的人格测验如明尼苏达多项人格测验(minnesota multiphasic pesonality inventory,MMPI)、"大五"人格问卷等。使用这些研究工具对人格与犯罪关系进行的测量中,多少都能发现一些犯罪者的人格缺陷。但这并不意味着有人格缺陷者一定会做出违法犯罪的行为。个体生活在一个相互联系的复杂网络之中,人格与环境、个体的自由意志、父母的抚养方式等多种因素交互作用,共同影响了犯罪行为,仅考查人格变量是不够的。即使从整体上来看人格可以对犯罪行为的发生产生影响,具体到个体身上,仍不能用人格的缺陷来预测一个人将来会不会成为罪犯。

(二)反社会型人格障碍

普通的人格缺陷并不能独立地预测个体的犯罪行为,但反社会型人格障碍与犯罪的关系就非常密切了。

反社会型人格障碍,又称悖德型人格障碍、无情型人格障碍。与其他类型的人格障碍相比,具有反社会型人格障碍的人最突出的特点是,他们的行为偏离社会规范,缺乏同情心和愧疚之心,不能设身处地为他人着想,犯错之后毫无悔意。反社会型人格障碍者容易做出反社会的行为,但具有反社会行为的人不一定具备反社会型人格障碍。许多违法犯罪分子仍具有普通人的一些亲情、友情和爱情,这样的人就不是反社会型人格障碍。判断一个人是不是反社会型人格障碍者,可以参考 DSM-5 对反社会型人格障碍的诊断标准:

(1)一种漠视或侵犯他人权利的普遍模式,始于 15 岁,表现为下列 3 项(或更多)症状:

①不能遵守与合法行为有关的社会规范,表现为多次做出可遭拘捕的行动。

②欺诈,表现出为了个人利益或乐趣而多次说谎,使用假名或诈骗他人。

③冲动性或事先不制订计划。

④易被激惹和具有攻击性,表现为重复性地斗殴或攻击。

⑤鲁莽且不顾他人或自身的人身安全。

---

① 张春妹,邹泓. 人格与青少年犯罪的关系研究[J]. 心理科学进展,2006(02).

⑥一贯不负责任，表现为重复性地不坚持工作或不履行经济义务。
⑦缺乏懊悔心，表现为做出伤害、虐待或偷窃他人的行为后显得不在乎或合理化。

(2) 个体至少18岁。

(3) 有证据表明品行障碍出现于15岁之前。

(4) 反社会行为并非仅仅出现于精神分裂症或双相障碍的病程之中。

已有研究表明，反社会型人格障碍的发生与生物因素，尤其是与大脑功能异常关系密切。反社会型人格障碍者由于漠视他人利益，缺乏同情心，自私自利，他们在社会生活中为了一己之私触犯法律并非难事，不少人是监狱或劳教所的常客。他们对自己的犯罪行为缺少悔悟，即使他们对着法官或神父泪流满面地忏悔也不是真心的，只是为了骗取别人的同情和信任以减少惩罚。

 专栏

冷 血 绑 匪

王立华从小就很霸道，9岁开始当"老大"。为了让同学们追随自己，满足虚荣心，王立华不断从父母那里骗钱、偷钱，搞得父母不敢把钱放在家里。偷不到家里的钱，王立华开始偷老师的钱，被发现后，免不了被父亲体罚。12岁的时候，王立华因为憎恨父亲，逼妈妈离婚。小学毕业后，因为是远近闻名的惯偷，没有中学愿意接收他，母亲只好把王立华送到工读学校。在工读学校里，王立华结识更多和他一样的"坏孩子"，学会了更多违法犯罪的花样。17岁时，王立华伙同他人抢劫了价值2万多元的物品，被逮捕后判刑9年。出狱后的王立华一心想干大事，但又担心受母亲拖累，于是他预谋杀害亲娘，最后在母亲的白发和操劳面前放弃了。后来王立华纠集大批不法之徒绑架他人，获得赎金后残忍撕票。2004年野心勃勃的王立华绑架了著名演员吴某某，第二天就被北京警方抓获了。在被告席上，王立华满不在乎，时不时情不自禁地笑笑，甚至在领取死刑判决书时都面带笑容。王立华曾对手下承认自己"天生是个坏种"。有犯罪心理学家认为王立华是反社会型人格障碍者。

值得注意的是，反社会型人格障碍与犯罪并不能画等号。反社会型人格障碍者中有的人并没有触犯法律，而罪犯当中不具备反社会型人格障碍的也大有人在。只是反社会型人格障碍中有一部分人对自己的行为不加约束，不惧怕法律，所以成了犯罪人。还有些反社会型人格障碍者虽然同样没有同情心、缺少感情，但他们比较聪明地剥削他人，像寄生虫一样寄生在别人的利益上，却没有触犯法律。他们是反社会型人格障碍者之中的成功人士。

(三) 关于犯罪人格

关于犯罪人格，学术界有不同的观点。许多学者把犯罪人格等同于反社会型人格障碍，笔者认为这是错误的。反社会型人格障碍是一个精神病学概念，犯罪人格应该是一个犯罪学的概念，把犯罪人格当成反社会型人格障碍是不恰当的。

中国人民公安大学李玫瑾、董海把犯罪人格界定为"在基本社会化进程中的未成年个体因生活所迫而以不择手段方式生存的过程中形成的一种异常人格现象"[①]。由于后天环境的影响,个体在早年就开始出现多次犯罪行为,并且没有得到矫正,从而不再返回正常人的生活轨迹,而是以各种犯罪行为谋生,并在长期的犯罪生涯中逐渐形成犯罪的嗜好、习惯、观念、态度,出现与犯罪相适应的情感反应等。当这些心理活动内容逐渐趋于稳定的时候,犯罪人格即已形成。出现犯罪人格要有三个前提:一是早年社会化过程断裂,个体没有正常地完成社会化;二是从小到大都有犯罪的经历,犯罪开始的时间很早;三是有过不止一次的受刑罚处罚的经历,即成为惯犯或累犯。

犯罪人格与反社会人格障碍不同。反社会人格障碍者往往由不明原因造成,从小就坏。而犯罪人格一般是由后天恶劣的生活环境造成的。因为所在家庭极度贫困,或者所在家庭中的子女较多,受父母忽视,或者是父母离异、家庭破碎,导致这些人在早年没有正常地完成社会化,没有习得正常的社会规范和感情,致使这些人使用异常的生活方式,长期触犯法律,甚至以犯罪活动为谋生手段。犯罪人格一旦形成,会给社会带来极大的危害。这类犯罪人性格残忍,犯罪手段恶劣,制造一系列极端恶性事件,给人民的生命和财产安全带来重大损害。

 专栏

犯罪人格的典型代表——"杀人魔"王强

王强,男,1975年生于辽宁。据王强自述,他的童年生活从来没有感受过幸福。父亲是个赌徒,赢了钱就喝酒,输了就回家打老婆孩子出气,家里穷得只剩下一铺炕和一口锅。8岁那年,父母离婚,弟弟跟了母亲,王强跟了父亲。但父亲对他不管不问,把他扔给爷爷奶奶。爷爷奶奶也不愿意管他,对他动辄打骂。不久父亲因为赌博与人发生争执,将一人打成重伤,被判了11年的有期徒刑。由于爷爷奶奶不待见他,王强就到了母亲身边,但他接受不了母亲改嫁,在继父家过得并不开心。王强到13岁才上小学,只读了1年多的书就辍学了。从此就开始在外面瞎混。饿了就讨饭,晚上在火车站睡觉,还跟一个小偷师傅学掏包。半年之后,他一个人爬上了一列火车,睡了一觉就到了沈阳。刚到沈阳时,王强依然是靠乞讨为生。因他身材瘦小,受到了其他乞丐的欺负和殴打。有一次,他被人打得昏死过去,醒来时浑身是血。王强咬着牙爬回了火车站,自己发誓"非打出来不可!"1991年,王强因为扒窃被警察抓获,判劳教2年。从劳教所出来后,王强觉得扒窃来钱慢,不如抢劫来钱快。于是他找到沈阳的一些同伙,开始抢劫。从1993年秋天,王强开始了他的抢劫生涯。1996年年初,因同伙被抓,供出了王强,但他只承认冒充警察敲诈,没承认抢劫,最后被判刑3年。第二次劳教之后,王强的犯罪行为越来越疯狂,达到了几天不杀人、抢劫和强奸就不舒服,好像有了"杀人癖"。根据公安机关统计,王强从1995年以来,杀人、强奸、抢劫的犯罪行为共34起,其中杀死45人,强奸10人,抢得财物3万余元,其犯罪足迹遍布开原、铁岭、沈阳三地。在王强成长的过程中,逐渐养成了残忍、暴躁的性格和极强的报复心理。他曾经结过婚,但结婚没几年,老婆就忍受不了他的家庭暴力而离婚了。他曾经因为强奸女性被判刑,所以他特

[①] 李玫瑾,董海.犯罪人格的界定与实证研究[J].中国人民公安大学学报(社会科学版),2008(03).

别仇恨女性。有几次在对受害者实施强奸的时候,受害者苦苦哀求王强别杀她们。但最终王强不但把她们杀了,而且杀得很残忍,故意让她们死后裸露,以羞辱她们。在王强的一生中,早早地脱离了正常人的生活,以犯罪为生,根本没有正常地完成社会化,是典型的犯罪人格。

第四节 犯罪者的智力

首先,我们需要回答什么是智力。

这是一个很难回答的问题。如何界定"智力",在整个心理学史上,至今还没有一个大家都认可的概念,也就是说,心理学界对此并没有形成统一的意见。

Coon(1997)曾在书中指出:有研究者向1020名专家调查了他们所认为的智力概念的要素,发现专家们一般会承认的智力要素有5个:抽象逻辑思维能力/推理能力、问题解决的能力、获得知识的能力、记忆力、适应环境的能力。①

总的来说,智力能反映人在社会生活中的适应能力,也能反映人的学习能力和抽象思维能力。个体智力的发展水平既受先天遗传因素的制约,也受后天环境、教育、个人的主观努力以及社会实践活动等的影响。

在法律上,智力与犯罪是有关系的。14岁以下的未成年人,由于智力尚在发育中,认识能力和控制能力不足,不能承担法律责任;14~16周岁的青少年智力发育仍未成熟,仅对部分行为具有辨别能力和控制能力,所以仅对部分危害严重的行为负部分法律责任;而已满16周岁的人犯罪负完全刑事责任,但已满16周岁却未满18周岁的,仍然要从轻处罚。已经到了刑事责任年龄,但智力严重低下者,属于限制民事行为能力人,甚至属于无民事行为能力人。由于智力严重低下者不能辨别自己的行为,如果出现杀人等严重危害社会的行为,司法机关将根据其当时的精神状况,确定是否追究其刑事责任以及判处其何种刑事责任。

在心理学上,对智力与犯罪关系的研究结论不太统一。在比较早期的研究中,美国学者亨利·戈达德于1912年采用自己修订的比奈智力测验,发现在一些监狱中的罪犯,50%~64%有智力落后的现象②。我国学者翟静、郭传琴、刘素娟等对某教养院的违法少年做出调查,发现智商偏低者占21.3%③。

专栏

智力低下者犯罪的特点④

(1)青年居多。

在智力低下犯罪者中,青年居多,多为轻度及中度精神发育迟滞。这类人的主要表现是

---

① 党彩萍.以结构方程模型探讨一般智力的结构[D].南京:南京师范大学,2006.
② 梅传强.犯罪心理学[M].2版.北京:法律出版社,2010.
③ 翟静,郭传琴,刘素娟.违法犯罪少年智力差距环境因素的调查分析[J].山东精神医学,1993(04).
④ 张明.走向歧途的心灵——犯罪心理学[M].北京:科学出版社,2004.

智力和适应环境的能力减低,其他精神活动方面并没有明显紊乱。

(2) 动机单纯。

个体出于一定的原因和动机而作案,但动机往往幼稚、单纯,对行为后果缺乏考虑,常显得动机与行为后果不相符合。

(3) 有选择性。

作案对象和目标具有一定的选择性,作案过程具有一定的保护性,但表现很肤浅,行为多带有冲动性,公开而粗暴。

(4) 单独作案。

犯罪人大多单独作案,也有少数人与正常人混在一起实施共同犯罪。

(5) 矫治效果不佳。

智力低下者领悟能力和社会适应能力差,犯罪后往往不能吸取教训。

(6) 作案后害怕。

个体在作案后对产生的后果有不同程度的领会,多表现为胆怯、害怕,表示愿意悔改,少数则撒谎抵赖,非常顽固。

(7) 严重智力低下的犯罪者少见。

重度和极重度精神发育迟滞的病人之中,犯罪者甚为少见。因其感知力、行动力不足,不具备犯罪的能力。

(8) 案件类型主要为强奸、流氓、盗窃、抢劫、纵火、凶杀以及伤害等。

持"智力落后是犯罪行为原因"的学者们认为,智力低下者缺少判断能力,不能控制自己的行为,也很难理解法律规范,所以就难以遵守法律规范,容易因低级需要、冲动情绪而出现不法行为。再者,智力低下者对自己的行为不但难以控制,还缺少高明的掩饰手段,因此犯罪后容易被发现并抓获;智商高者在满足自己的欲望时往往善用各种隐蔽的手段规避风险,即使触犯法律也不易被觉察。

这种观点被很多研究挑战。芝加哥学者希利于1915年调查了1000名违法青少年,发现智力落后者的比例不过10%。学者Denkowski的研究指出,仅有2.5%的犯罪人存在智力低下(智商分数小于70)的情况[①]。

出现这些争议的原因是多方面的。一是学者们对智力的界定不统一,据此编出的智力测验就有差异,使用这些智力测验筛选出的智力落后者的比率就有差异了。二是选取的样本不同,导致结果有偏差。三是,智力与犯罪的关系本身并不是那么简单的,可能背后还隐藏了其他的问题。

一些学者转向研究犯罪类型与智力的关系,发现不同的犯罪类型的犯罪人确实在智商上表现有差别。纵火犯、性犯罪(特别是强奸和奸淫幼女者)智力水平较低,谋杀、诈骗、伪造公文、计算机犯罪的罪犯智力水平较高。

情绪智力的提出让我们对智力与犯罪的关系有了新的思考方向。情绪智力也称"情商",是由美国耶鲁大学的萨洛维和新罕布什尔大学的玛依尔提出的。情绪智力指识别和理解自己和他人的情绪状态,并利用这些信息来解决问题和调节行为的能力。情绪智力包括

---

① 应方淦.殷导忠.智力与犯罪关系解读的困惑及出路[J].犯罪与改造研究,2009(06).

三个方面:准确地识别、评价、表达自己和他人的情绪;适应性地调节和控制自己和他人的情绪;适应性地利用情绪信息,以便有计划地、创造性地激励行为。情绪智力的提出让人们意识到,聪明一词,不仅可以表现为认知能力强、在学术上取得成绩,还应该表现为在人际交往、情绪管理、自我认识等方面较优秀。情绪智力的存在可以帮助大家解释为什么有的罪犯在认知成绩正常的情况下做出了不顾后果的犯罪行为。

 专栏

优秀学生的杀人事件

药家鑫,男,1989年11月7日出生,某音乐学院大三的学生,成绩优异。药家鑫于2010年10月20日深夜在西安市驾车撞到被害人张某,下车后发现张某在记自己的车牌号,药家鑫拿出刀子,连捅张某8刀,致其死亡。随后药家鑫驾车逃跑,到某村的村口再次撞伤行人,被周围群众围追堵截并报警。2011年6月,药家鑫被执行死刑。网络上曾经对药家鑫的杀人原因有过热议。药家鑫在学校成绩优异,但严格的家庭教育导致其存在一定的性格缺陷,并且不善处理突发事件,这些因素是导致其杀人行为出现的重要原因。

第五节 犯罪者的情绪

一、情绪概述

情绪是人对客观事物产生的态度体验及相应的行为反应。客观事物并不是直接令人产生情绪体验,情绪的产生是以主体的愿望、需要等为中介的,是对客观事物和自己需要之间关系的反映。符合主体的需要和愿望,会引起积极的、肯定的情绪,不符合主体的需要和愿望,就会引起消极的、否定的情绪。

(一)情绪的组成成分

情绪由主观体验、外部表现和生理唤醒等三种成分组成。主观体验是个体对不同情绪状态的自我感受。情绪的外部表现,通常称之为表情,它是在情绪状态发生时身体各部分的外部表现,包括面部表情、姿态表情和语调表情等。生理唤醒是指情绪产生的生理反应,包括呼吸系统、循环系统、消化系统和内分泌系统的变化。

(二)情绪的功能

1. 适应功能

情绪的存在对动物和人类都是具有重要意义的。情绪具有适应功能。情绪是有机体适应生存和发展的一种重要方式。如动物和人遇到危险时都会因为恐惧而产生呼救,这就是一种求生的手段。

2. 情绪具有动机功能

情绪是动机的源泉之一,是动机系统的一个基本成分。它能够激发人的行动,提高人的效率。比如,在考试面前,适度的紧张和焦虑可以推动人们赶快去复习功课,并做出比平时更大的努力。

3. 情绪具有组织功能

积极的情绪对人的行为具有调节作用,消极的情绪对行为具有破坏、瓦解作用。在积极的情绪状态下,人的心胸比较开阔,行为比较开放,更容易接受新事物、新挑战。在消极的情绪状态下,人们容易对事物丧失信心,悲观消沉,甚至产生攻击行为。

4. 情绪具有社会功能

情绪可以帮助人们在人际交往中传递信息、沟通思想。这种功能通过表情来实现。"含情脉脉""挤眉弄眼""暗送秋波"等词语就是情绪传递信息的表现。刚出生的婴儿不会言语,只能通过哭闹、欢笑等情绪向父母表达自己。

（三）情绪的分类

依据情绪发生的强度、持续性和紧张度,可以把情绪划分为心境、激情和应激三种。

1. 心境

心境是一种比较微弱而又持久的情绪状态,具有弥散性。某个时期的某种心境会影响到个体对周围一切事物的看法。"感时花溅泪,恨别鸟惊心"就是一种心境的体现。某种心境持续的时间依赖于引起这种心境的客观环境和个体的个性特点。一个抑郁气质的人遇到缠绵雨季容易生出伤感的心境,一个性格开朗的人遇到喜事连连就会产生乐观、幸福的心境。

2. 激情

激情是一种强烈的、短暂的、爆发式的情绪状态。激动、兴奋、愤怒等情绪都属于一时的激情。激情发生时一般有很明显的外部表现,如激动时面红耳赤,兴奋时手舞足蹈,愤怒时怒发冲冠等。在激情状态下,人的意识范围缩小,控制力减弱,不能理智地评估自己行为的后果,所以激情容易导致轻率的行为。奥运会上有的人会因为愤怒而攻击他人,有的人会因为胜利的狂喜而撕坏衣服。但激情状态下的人并没有完全丧失意识,激情是完全有可能得到控制的。所以人应当为自己在激情状态下做出的行为负责。

3. 应激

应激是个体在出乎意料的紧张情况下产生的情绪状态,是对某种意外的环境刺激做出的适应性反应。应激出现时会导致生理和行为的急剧变化,因此应激对人的行为影响很大。从进化的角度来讲,没有应激发生,永远一帆风顺的生活会让人失去斗志,失去应变能力。中等程度的应激状态对人的行为有积极的作用,可以让人打起精神,调动自身资源应付困难,从而使人一直有竞争能力。但过多的应激并非好事。如果在过去的一段时间里,个体经历了太多的应激事件,不管是结婚生子之类的喜事还是离婚、破产之类的坏事,都会对人的精神和身体状态造成不利的影响。因为每次应激事件的发生都需要人们调动身心资源去应对,一直处于高压状态下,容易资源枯竭,给身心健康带来威胁和损害。

二、犯罪中的情绪问题

犯罪是一种反社会行为,会受到法律的惩罚。从理智上来讲,智力正常、有判断能力的人在评估了犯罪成本之后是不应该采取犯罪行为的。但大多数罪犯智商正常,具备正常成年人的判断力,他们还是不理智地走向了犯罪的深渊。究其原因,人并不是完全理性的,人的行为在很多时候受非理性情绪的支配。

不良情绪的积累可导致违法犯罪行为。个体的某种需要得不到满足就会产生怨恨、敌对等不满情绪,时间累积久了会带来持续的紧张感。这种紧张感往往会导致攻击行为的出现。例如个体在恋爱受挫后,被抛弃、被嫌弃的那种自卑、愤怒、挫败感等不良情绪如果得不到宣泄,持续累积下来可能会导致个体对恋爱对象产生攻击;在家庭中受到父母严格管制的个体对父母的不满情绪累积之后可能会导致对父母的反抗甚至伤害。

许多情绪、情感障碍都可能会导致个体产生危害社会的行为。某些严重抑郁症患者自罪自责,有自杀观念,甚至可能会在自杀之前先杀死子女或者亲属。有的躁狂症患者情绪高涨,活动增强,无事生非,有的人甚至会伴有性欲亢进,导致性方面的违法行为。

三、情绪型犯罪

一般的情绪型犯罪是一种带着感情色彩,呈现出强烈的情绪性因素,由不良的情绪性动机引起的犯罪行为。狭义的情绪型犯罪是指因他人不当行为引起的强烈情绪并当场实施的犯罪。狭义的情绪型犯罪具有行为的非理性、情绪的正常性和刺激的非法性等特征[1]。根据引起犯罪的情绪状态的不同,狭义的情绪型犯罪可划分为激情犯罪和应激犯罪两种类型(温建辉,2014)。

1. 激情犯罪

激情犯罪是指个体因受到强烈刺激导致情绪爆发而引起的犯罪行为,即个体受激情支配所实施的犯罪行为。根据犯罪人和被害人之间是否有积怨,激情犯罪可分为突发性激情犯罪和积蓄性激情犯罪。突发性激情犯罪是指犯罪人和被害人之间本来并没有仇怨,甚至是毫无关联的陌生人,只是因为偶然发生了一些具有强烈刺激的事件,致使犯罪人暴怒而引发的犯罪行为。积蓄性激情犯罪是指犯罪人和被害人之前在生活中认识,并不断发生矛盾,产生怨恨,但犯罪人之前并无犯罪念头,而在犯罪人突然受到被害人忍无可忍的刺激时,积蓄已久的怨恨涌上心头,导致犯罪人愤怒无法控制而实施的犯罪行为。

2. 应激犯罪

应激犯罪是指行为人面对突发的危险或刺激而采取的应对行为所构成的犯罪,即在应激状态下实施的犯罪行为。例如个体面临歹徒侵害或者身处险境时会产生防卫行为和紧急避险行为,然而在应激状态下人的心理状态与平时不同,有时不能对行为的后果做出合理的评估,因此所采取的行为常常会超过限度造成不应有的危害,从而构成防卫过当犯罪。

激情犯罪和应激犯罪的区别表现在以下几个方面:激情犯罪所受刺激通常不具有危险性,应激犯罪所受刺激具有危险性;支配激情犯罪的情绪是暴怒,而支配应激犯罪的情绪主

---

[1] 温建辉.非理性犯罪论纲[J].兰州学刊,2014(09).

要是恐惧;激情犯罪的心理动因主要是发泄怒气,应激犯罪的主要心理动因是保护自我;激情犯罪是一种主动的心理反应方式,而应激犯罪是被动的心理反应方式。

 专栏

昆山"龙哥"事件

2018年8月27日晚,刘某(人称龙哥)酒后驾驶汽车于昆山市某路口与同方向骑自行的于某险些发生碰擦,双方发生争执。龙哥下车推搡、踢打于某。经旁人劝架,龙哥仍然追打于某,并且从车中取出一把砍刀连续击打于某。龙哥同车的朋友刘某某也下车参与殴打于某。于某抢过砍刀并刺、砍龙哥数刀,致使龙哥身受重伤,经抢救无效死亡。事件发生后在网络上引起了广泛讨论。有人认为于某是在对方的砍击、追打下做出了正当防卫行为,有人认为于某以暴制暴是防卫过当,是过失致人死亡。几日后警方发布消息:于某的行为属于正当防卫,不负刑事责任。

第六节 犯罪者的道德

一、道德概述

道德品质是个人依据一定的社会道德规范行动时所表现出来的某些稳定的心理特征和倾向,是个体社会化的核心。道德的出现,是人类社会从利己主义进化到利他主义的产物。在人类产生的最初,为了个体的生存,人的行为是利己的。但当人类形成了社会,为了维护整个社会的正常运行和整个种族的生存,就需要有利他主义的社会规范出现,以约束个体利己的行为,维护社会整体的利益。个人的道德认知发展与其是否进行违法犯罪行为有密切的关系。大部分的犯罪行为是利己的,触犯了他人权益,反映了犯罪人道德水平的低下。但不道德行为又不等同于违法犯罪行为。例如,普通人都会认为婚姻出轨是不道德的,但它并没有触犯法律。所以道德和犯罪是两个领域的概念。

关于道德的心理学研究,皮亚杰和科尔伯格的道德认知发展理论最具有代表性。

(一)皮亚杰的道德认知发展理论

皮亚杰把儿童关于社会关系的认识、道德认知和判断看作道德品质的核心。他认为道德是儿童通过与环境的交互作用,将新知识与已有的知识经验联系起来,对其所能理解的经验不断建构来实现的。皮亚杰设计了一些对偶故事,要求儿童对故事里主人公的行为做出评价,并讲出该评价所依据的理由,用这种自然的实验法来判断儿童的道德认知发展水平。

对偶故事

故事1:一个名叫约翰的男孩听到妈妈叫他去吃饭,就过去打开餐厅的门。门外有一把椅子,椅子上放着一个盘子,盘子里有15个茶杯,男孩推门时无意中撞翻了盘子,打碎了15

个杯子。

  故事2：一个名叫亨利的男孩趁妈妈外出，想偷吃橱柜里的糖果，由于糖果放得太高，他爬上椅子后还是够不着，他使劲够，结果打碎了1个杯子。

  根据儿童对这类问题的回答，皮亚杰概括出了儿童认知发展的3个阶段。

1. 前道德阶段(5岁之前)

  这个阶段的儿童由于认知水平有限，他们对问题的考虑都是以自我中心的。他们不顾规则，行为直接受行动的结果所支配，道德认知不守恒。例如，同样的行动规则，若是出自父母就愿意遵守，若是出自同伴就不遵守。他们还没有真正理解规则的含义，更不懂公正、义务和服从。他们的行为既不是道德的，也不是非道德的。

2. 道德实在论或他律道德阶段(5岁到10岁)

  儿童还处于比较低级的道德思维阶段，但他们产生了遵守规则的意识。他们单方面地尊重权威，绝对遵从父母、权威者或年龄较大的人，认为服从权威就是"好"，不听话就是"坏"。儿童还把人们制定的规则看作是固定不变的。儿童会从行为的物质后果来判断一种行为的好坏，而不是根据主观动机来判断。这个阶段的儿童会认为上述故事中，约翰比亨利的行为更坏，因为约翰打碎的杯子数量多，而不考虑行为是有意还是无意的。儿童看待行为有绝对化的倾向，在评定行为是非时，总是抱极端的态度，要么完全正确，要么完全错误，还以为别人和自己的看法一样，不能从对方的角度看待问题。这一阶段的儿童会赞成严厉的惩罚，并认为受惩罚的行为本身就说明是坏的。

3. 道德相对论或自律道德阶段(10岁或11岁以后)

  这个阶段的儿童已认识到规则是由人们创造的，因而它是可以依照人们的愿望加以改变，规则不再被当作存在于自身之外强加的东西。儿童判断行为时，不只是考虑行为的后果，还考虑行为的动机。这个阶段的儿童会认为上述故事中亨利比约翰的行为要坏，因为亨利是为了"偷吃"而打碎杯子。在处理违规行为时，这个阶段的儿童会赞成回报的惩罚——要让惩罚性的后果与个体所犯的错误行为相符合，让违反规则的人能够明白他们错误行为的意义，以后不再重犯。他们会认为打碎杯子的孩子可以用自己的零花钱买杯子作为赔偿，这种惩罚会比简单的打屁股更有意义。另外，自律阶段的儿童不再相信内在公正，他们知道违反规则的人如果其行为没有被发现就不会受到惩罚。

  皮亚杰本人并没有直接研究犯罪人的道德发展水平，但他的研究方法和理论为后人研究犯罪人的道德提供了指导作用。

(二) 科尔伯格道德发展论

  美国著名心理学家科尔伯格发展了皮亚杰的道德发展理论，提出了一种更详细的道德认知发展理论，并将该理论应用于对犯罪人道德认知的研究。为了考查个体的道德认知水平，科尔伯格设计了一系列"道德两难故事"，其中最广为人知的是"海因兹偷药"的故事：

  欧洲有个妇女身患一种特殊的癌症，生命垂危。医生认为，有一种药也许救得了她。这种药是本城一名药剂师最近发现的一种镭剂。药剂师花200美元买镭制造了这种药，而一小剂药却索价2000美元。这位身患绝症的妇女的丈夫叫海因兹，他四处借钱，最后只能筹到大约1000美元。海因兹告诉药剂师他的妻子快要死了，并且请求药剂师便宜一点把药卖给他，或者允许他先救妻子以后再付钱。可是，这位药剂师说："不行，我发明这种药，就是要靠它来赚钱。"海因兹绝望了，走投无路之下竟然撬开药剂师药店的门，为妻子偷药。

讲完故事之后，科尔伯格会提出一系列问题供被试讨论，比如海因兹该不该偷药，为了救人，人们究竟该不该不择手段等。通过被试的回答，可以发现他们是如何进行推理的。科尔伯格用这个方法对10~16岁的75名被试进行了长达10年的追踪研究，并据此提出了人类道德认知发展理论。他把人的道德认知发展划分为以下3个水平6个阶段。

1. 前习俗水平（0~9岁）

9岁之前的儿童还未形成自己的道德标准，他们遵守道德规范，但道德判断着眼于行为的具体结果和对自身的利益关系。这个水平又分为以下两个阶段：

第一阶段：惩罚和服从定向阶段。他们的道德判断的依据为是否受到惩罚或服从权威。他们认为凡是可以逃避惩罚的行为就是好的、对的，凡是遭到权威批评指责的行为都是错的、坏的。

第二阶段：工具性的相对主义定向阶段。对自己有利的就是好的，对自己不利的就是坏的。

2. 习俗水平（9~15岁）

个体认识到团体的行为规范，接受规范并付诸实践。能认识到社会的利益与需求，从社会成员的角度思考道德问题。这个水平分为两个阶段：

第三阶段：人际协调的定向阶段。这个阶段的儿童愿做"好孩子"，希望得到大家的赞许，愿意按照大众的标准来约束自己。

第四阶段：维护权威的定向阶段。遵守公共秩序，尊重法律权威，用权威和法则来维护公共秩序。但这一阶段的儿童仍然把法制观念看作是固定不变的。

3. 后习俗水平（16岁以后）

此时儿童的道德判断已经超越了现实的法律与权威的标准，以普世的道德原则和良心为行为依据，达到了完全自律的境界。这个水平包括以下两个阶段：

第五阶段：社会契约阶段。儿童认识到法律、社会规范是一种大家约定的契约，是可以改变的。这个阶段的儿童一般不会违反法律，但他们不再用单一的标准、规则去评判他人，思想表现出一定的灵活性。

第六阶段：普遍道德原则的定向阶段。这个阶段的个体在判断道德行为时不再以法律和规则为标准，而是以带有普遍意义的道德原则为依据，如自由、良心、尊严、公平、正义等。他们已经形成了自己的人生哲学，具有独立的判断标准。

科尔伯格指出，人类道德认知发展的顺序是固定不变的，不能前后倒置也不能后退。但在现实中，不是所有人都能如期达到某个发展阶段。许多人永远都没有达到道德认知发展的最高阶段，有的人甚至一生都停留在前习俗水平。

二、犯罪人的道德水平

犯罪人的犯罪行为是否与其道德认知发展水平落后有关？确实有不少研究证明犯罪人的道德认知发展处于较低的水平。1969年，科尔伯格的研究发现犯罪人的道德认知发展处在前习俗水平的第一阶段和第二阶段。几年后科尔伯格又对比了犯罪人和非犯罪人的道德认知发展,发现大部分犯罪人的道德认知发展处在前习俗水平的第一阶段和第二阶段,而大部分的非犯罪人的道德认知发展处在习俗水平,即第三阶段和第四阶段。随后有其他的学者使用科尔伯格的方法对比犯罪人和非犯罪人的道德,发现少年犯罪人表现出道德认知发展延缓的现象。(刘邦惠,2004)

  犯罪人的道德认知发展水平与犯罪行为之间的关系,还跟犯罪类型有关。桑顿等人研究发现,进行熟虑性犯罪(经过深思熟虑之后进行的犯罪)的累犯,如抢劫、夜间盗窃等,他们的道德认知发展水平较低,更有可能处在前习俗水平。进行轻率性犯罪(不涉及物质利益的伤害型犯罪)则与道德认知发展水平没有关联。[1]

  科尔伯格的理论强调理性认知的作用,但忽视了道德中的情感和意志成分。现实中人们即使具有道德认知,未必具有道德情感,即使具有道德认知和道德情感,未必形成道德意志。例如,在捡到钱包之后,许多人都知道捡到钱包应该交公,但是仍有人会找个借口自己留下钱包且不感到羞耻,有的人即使感到了羞耻,但因为意志力薄弱没有坚持道德行为。

  是不是罪犯的内心没有道德观念呢?其实未必。高玲、王兴超和杨继平的一项研究发现,424名男性成年罪犯的社会地位感知、道德推脱可以正相预测罪犯的攻击行为,其中道德推脱在社会地位感知和罪犯的攻击行为之间起到部分的中介作用[2]。这个研究提示我们,如果罪犯与其他犯人相比,感觉自己具有更高的社会地位,他们就会更强倾向于使用武力来控制他人,以此来获得较高的社会地位,并且他们会更多地运用道德推脱机制来为自己的攻击行为辩解。也就是说,爱面子,感觉自己比其他犯人强的罪犯更倾向于从道德上为自己的攻击行为开脱。他们能意识到道德问题,具有道德认知,但道德成了他们减轻自责的工具,而不是认真遵守的规范。

---

[1] 刘邦惠.犯罪心理学[M].北京:科学出版社,2004.
[2] 高玲,王兴超,杨继平.罪犯社会地位感知与攻击行为:道德推脱的中介作用[J].西北师范大学学报(社会科学版),2012(05).

第四章

性别差异与女性犯罪心理

第一节 性别差异

俗话说:男女有别。自古以来男女两性在很多方面都体现出一定的差异。性别差异主要体现在生理性别差异和社会性别差异以及由此而导致的心理性别差异上。生理上两性的差异比较客观,但社会性别差异和心理性别差异则是长久以来争议不断的话题。

一、生理性别差异

在受精卵形成的那一刻,就决定了胎儿的性别。如果受精卵的性染色体是 XX 时,性别是女,当性染色体是 XY 时,性别为男。胚胎发育到 8～10 周时,男性胎儿出现睾丸并开始分泌雄性激素,雄性激素使胎儿的外生殖器向男性方向生长;女性胎儿因为没有睾丸,缺乏雄性激素作用,外生殖器就朝女性方向生长。等到胎儿出生的时候,外生殖器已经基本成形,这种生殖器官的差异是胎儿最初的最明显的生理差异。到青春期,外生殖器进一步生长发育。第二性征出现,男孩变声,长出喉结和胡须,女孩则乳房发育,出现周期性的月经。男女两性的生理性别差异更为明显。这些生理上的差异会给男女两性带来一些影响,比如男性在体力上优于女性;男性没有月经和怀孕等问题的困扰;女性在月经期容易出现情绪低落和身体不适;女性可以怀孕生子,在生育和哺乳问题上需要付出巨大的精力。

二、社会性别差异

男女两性在社会环境中,不同程度地受到经济、家庭、国家、文化、宗教、法律等因素的影响,这形成了社会性别,是一种文化符号。在很多文化中,男女权利和地位是不平等的,男性处于主导地位,而女性被迫扮演男人和家庭的附属角色。旧社会的"三纲五常",以及延续至今的"传宗接代""重男轻女"等观念都是男女不平等的表现。除了社会地位的不平等,男性还被赋予勇敢、独立、坚强、支配等角色形象,女性则被赋予温柔、顺从、依赖等角色形象,这成为人们对性别的心理特征差异的刻板印象。这种现象引起了女权主义的不满。经过多年的抗争,女性在社会地位上已经大有提高,逐渐享有各种与男性平等的权利。女性形象也大有改变,撒切尔夫人、吴仪等女强人的光辉事迹深入人心,成为新一代女性的楷模,为人们称颂。同时男人的形象也有了变化,电视剧中的居家男子、"暖男"成为新宠,在外面疯狂工作和应酬、不带孩子的传统大男子主义形象受到许多女性的批判。在媒体上还活跃着大批"伪娘"和"假小子",说明男女两性之间的角色形象逐渐丧失了截然区分的界限。但从"伪娘"和"假小子"们所承受的舆论压力可以看出,在普通民众心目中,性别的社会角色差异还是存在的。

三、心理性别差异

由于生理基础和社会角色的不同,多少会给男女两性的心理差别带来影响。关于男女两性的心理差异的研究总是充满了争议,同时个体的心理性别角色与生理性别并不完全一致。极少数个体生理上的性别与心理上的性别是想反的,也有人在心理上的性别角色是双性化的。目前,男女两性的心理性别差异的研究结果主要体现在以下几个方面:

第一,在认知上的差异。男女两性在智力水平上没有显著性差异,男人和女人一样聪明。但男性和女性擅长的智力因素有所不同:男性较为擅长逻辑思维,女性较为擅长形象思维;男性的空间视觉能力和数学能力较佳,女性的短时记忆和语言能力较佳(各大院校理工科专业男生居多,艺术、文学专业女生居多)。男性和女性智力表现的早晚也有差异:一般女性智力表现较早,男性智力表现较晚,所以从幼儿园到小学都是女生比男生成绩好,到中学以后男生后来居上。在智力分布上也有性别差异:在智力的生态分布图中,与男性比,女性中智力超常和低能的比例较小,女性智力位于中等的所占比例较大;与女性比,男性智力超常和低能的比例较大。除了智力特点上的差别之外,由于传统女性的社会活动较少,与外界接触没有男性频繁,造成了部分女性认知范围狭窄,认识事物本质的能力较弱,看待问题的思维方式具有一定的局限性。但这种差异已经随着当今女性参与社会活动的增多而逐渐减少了。

第二,在情绪、情感上的差异。不管是男性还是女性,都有喜怒哀乐的情绪和情感。传统的观点认为女性的同情心和共情能力好于男性。王梦露(2017)研究发现,相对于生理上的性别,心理上的性别角色才是影响共情能力差异的理想指标。该研究发现,对于总的情绪共情能力来说,女性化性别角色显著高于双性化和男性化性别角色,而双性化性别角色的总共情能力显著高于男性化性别角色[1]。在情感类的精神障碍上,女性的患病率稍高于男性,而且女性情感障碍家族史阳性率明显高于男性[2]。由此可见,情绪、情感问题对女性来说更为重要。一般来讲女性情感丰富,内心细腻,移情能力强,容易感情用事,且情绪的稳定性差些。

第三,在意志上的差异。没有什么权威的研究可以证明男女两性在意志力上有什么差异。但女性由于移情、共情能力强,容易接受他人意见,受他人暗示,所以在做事的时候容易因为顾及其他人的意见、感受而放弃,给人一种意志力薄弱的假象。事实上,不管男性还是女性,都容易在自己擅长的、有兴趣的领域表现出意志力。例如一位家庭主妇可能在外出工作、创业等方面意志力薄弱,但在照顾家庭、抚养孩子等事情上会表现出坚忍不拔的顽强意志。

第四,在个性特征上的差异。由于生理上的差别,女性在身体上的攻击表现得比男性少,但女性更擅长语言的攻击或间接的攻击形式。由于社会文化的约束,男性比女性表现出更高的支配性,女性看上去更顺从,但女性擅长通过间接的方式来支配男性。另外,通常女性会比男性更有移情能力,更容易接受别人的暗示,使得女性显得感情用事且容易从众,缺少主见和自信。

不管是天生的生理差异,还是后天的社会角色差异,种种因素造成了男女两性在心理特征上呈现出一定的差异性。但这种差异性是相对于整体而言的,对于个体来说,这种差异不一定适用。

---

[1] 王梦露.情绪共情与认知共情的性别角色差异研究[D].西安:西北大学,2017.
[2] 汪广剑,陆伟玲,王焕林,等.情感障碍遗传的性别差异[J].山东精神医学,2004,17(04):220.

第二节 犯罪的性别差异

男女两性在生理、心理和社会角色上的差别,会给犯罪行为带来什么影响呢?我们经常在影视剧里看到一些饱受伤害的女主角狠狠地说:"男人没有一个好东西!"民间又有谚语:"男人不坏,女人不爱。"男人真的比女人坏吗?

让我们看看犯罪的性别差异吧!

一、在犯罪数量上的性别差异

在犯罪数量方面,男性犯罪人普遍是女性犯罪人的数倍。这种数量上的差别,原因在于:①体力方面,女性处于弱势,实施犯罪的客观条件不如男性。②性格方面,大多数文化推崇女性的顺从、忍耐,因此造成女性的性格大多比男性柔和顺从。③社会地位方面,大多数国家还是男权社会,女性处于从属地位。女性多承担生养子女的责任,居家时间多,社会活动少,减少了犯罪机会。由于这些因素的存在,在大多数文化背景下,女性的犯罪率较低,男性的犯罪率较高。另外,经济发达国家和地区的女性比发展中国家和地区的女性犯罪率要高一些,因为发达国家的女性社会地位高,社会活动多,各方面压力比发展中国家的女性要大。我国近年来女性犯罪率有上升的趋势。以天津市各监狱内服刑犯罪人的调查数据为例,1990年至2002年期间女性在监狱人口中的比例从2.1%增长至6.1%,增长至近三倍。[①]

二、在犯罪类型方面的性别差异

由于体力上的弱势,女性实施的犯罪行为一般是那些对体力要求不高的类型,如盗窃、诈骗、纵火、遗弃婴儿、性犯罪等,其中性犯罪的比例较高。而在暴力伤害、抢劫、伪造、重大过失犯罪、走私贩毒等犯罪中,男性的比例显著高于女性。男性在雄性激素的支配下,易产生暴怒的情绪,由此引发暴力犯罪事件。不过在经济比较发达的国家和地区,男性和女性在犯罪类型方面的差别有缩小的趋势,越来越多的女性参与故意杀人、暴力抢劫、绑架等案件中。

三、在犯罪方式上的性别差异

与男性相比,在女性的犯罪方式中,一些比较隐蔽、间接的犯罪方式占有较大的比重,比如投毒、诽谤等。男性犯罪则更具直接性、冲突性。这一差异也与男女两性在体力、性格、激素水平等方面的差异有关。

四、在侵害对象上的性别差异

男性犯罪对象以无感情联系甚至素不相识者居多,而女性犯罪的侵害对象多为熟人,比

[①] 王丽薇.犯罪性别差异的理论犯罪学解读[J].法制与社会,2017(05).

如亲戚、邻居等有情感联系的。因为男性社会活动广泛,接触人群多,多因利益纠纷、权势争斗等与人结怨;女性交往范围较窄,多因感情纠葛与人发生冲突。

五、在犯罪的年龄特征上的性别差异

女性的初犯年龄和犯罪高峰年龄普遍高于男性。犯罪年龄是指犯罪发生时犯罪人的实际年龄。犯罪年龄的差异既体现了犯罪人生理特点的差别,也表明了犯罪人在犯罪时的社会阅历及心理特点的不同。2002年天津市犯罪调查的结果显示,男性犯罪人的犯罪平均年龄为28.42岁,女性犯罪人的平均犯罪年龄为32.21岁,女性的犯罪年龄高于男性犯罪年龄近4岁,男性和女性的犯罪年龄差异十分明显。另外,从犯罪年龄结构的比较来看,男性的犯罪年龄构成为:14~18岁占5.1%,19~25岁占36.8%,26~35岁占37.6%,36~45岁占15.9%,45岁以上占4.6%;女性的犯罪年龄构成为:14~18岁占3.4%,19~25岁占18.8%,26~35岁占42.7%,36~45岁占25.6%,45岁以上占9.4%[①]。上海浦东新区人民法院和郑州金水区人民法院2010年所审理的2461个成年人犯罪案件显示,男性和女性在20岁左右达到犯罪最高峰。男性犯罪的多发段是20~24岁,25岁以后犯罪急剧减少;女性在20~28岁及37~41岁出现两次犯罪多发期[②]。尽管这两个研究得出的具体数据有差别,但都可以证明,女性的犯罪年龄结构重心高于男性。

六、在婚姻状况上的性别差异

男性未婚者比已婚者犯罪率高,女性则是已婚者比未婚者犯罪率高。男性在结婚成家后,往往因为责任感的驱使、雄性激素水平的逐渐下降,融入了主流社会,减少了暴力行为;女性在婚后由于情感纠葛及更年期的激素变化,犯罪行为反而比婚前要多一些。

七、在犯罪处置方面的性别差异

由于大众对女性的刻板印象及女性犯罪行为的隐蔽性等因素,女性遭到逮捕和起诉的比例常常低于男性,女性比男性更容易获得警察、法官等的信任和同情;在处罚上,女性适用缓刑和轻刑的机会比男性多。例如,在我国,怀孕的女性不适用极刑。

 专栏

犯罪的孕妇

湖南省的胡海平,因涉嫌拐卖儿童罪于2004年6月1日被羁押,同年7月8日被逮捕。胡海平参与拐卖儿童犯罪22次,拐卖儿童24名。在审判时,法庭鉴于胡海平怀有身孕,依法对其不适用死刑,且归案后有立功表现,依法从轻处罚,判处有期徒刑15年,并处罚金5万元。

2013年7月24日,怀孕的谭蓓蓓在大街上假装肚子疼,诱骗善良的17岁女孩胡某扶她

---

① 张宝义.犯罪中的性别差异及比较研究——以21世纪初天津市为背景的研究[J].江苏警官学院学报,2010(05).
② 熊谋林,江立华,陈树娇.生命周期研究:性别、年龄与犯罪[J].青少年犯罪问题,2013(01).

回家,欲供丈夫白某奸淫,遭到女孩反抗,夫妇二人遂将其杀害。2013年8月9日,警方逮捕谭蓓蓓夫妇二人,罪名为涉嫌故意杀人。2014年6月16日,丈夫白某以故意杀人罪被判死刑,妻子谭蓓蓓以故意杀人罪被判无期徒刑。

综上所述,男女两性在犯罪问题上确实有许多差别,男性犯罪人比女性犯罪人数量更多、更暴力、更容易受到法律处罚,这些特征使得男人看上去比女人更坏。但这种"坏"的背后,除了雄性激素等生理因素的作用之外,还有深刻的社会原因。随着社会经济文化的发展变化,男性和女性的社会地位差距变小,两者承担的社会工作更接近,那么男人和女人的犯罪差异也会缩小。

在我国,由于男女婴出生比例不均衡,未来会出现男女人数差距较大的情况。在这种形势下,男女两性在犯罪行为上的差异可能会受到一些影响。

 专栏

出生人口性别比例失衡对犯罪率的影响

出生人口性别比是指活产男婴数与活产女婴数的比值,通常用女婴数量为100时所对应的男婴数来表示。联合国明确认定了出生性别比的通常值域为102~107,其他值域则被视为异常。1981年我国29个省、自治区、直辖市全年出生婴儿性别比为108.47,已经敲响了性别比例失调的警钟。政府于2000年进行的第五次全国人口普查,全国出生人口性别比高达117!预计到2020年,适龄婚配阶段的男性人口要比女性多出3000万到4000万。这几千万未婚成年男性的存在,会给社会带来潜在的不稳定因素。例如未被满足的性需求会使各种性犯罪活动增加;没有家庭责任的约束,男性更容易卷入各种暴力犯罪活动等。造成出生人口性别比例严重失调的原因在于我国根深蒂固的重男轻女思想,在计划生育政策下,许多人选择性终止妊娠,无数女婴被非法引产,那些出生后的女婴更容易受到忽视、虐待、遗弃。

第三节 女性犯罪心理分析

虽然在大多数文化中,女性并不是犯罪行为的主流,但由于女性的心理与行为特点,给女性犯罪带来了独特的色彩,引起了研究者的关注。

一、女性杀人犯罪心理

在人们的刻板印象中,女性大多是温柔善良、充满母爱的,而杀人犯则是穷凶极恶、面目狰狞的。一旦出现女性杀人犯,就会引起人们巨大的好奇心:是什么原因让原本柔弱的女人行凶?可能有些女人原本就不柔弱、不顺从。男权社会下人们对女性的刻板印象只适用于部分女性。事实上,有调查发现,从20世纪80年代起,女性杀人犯罪占女性整体犯罪的

20%左右,可以说,女性杀人犯罪是女性犯罪类型中比较多发的一种[1]。

(一)女性杀人犯罪的特征

根据国内外众多的研究,可以总结出女性杀人犯罪的特征如下:

1. 女性杀人犯罪中,受害者多为犯罪人的亲属或熟悉的人

在夏菲1999年的研究中,58例女性犯罪案件,受害者排第一位的是犯罪人的丈夫(25个),其次是恋人(8个),排第三位的是第三者(4个)。可见都是有感情纠葛的熟人。

2. 独自作案多,与他人共同犯罪少,即使在共同犯罪中,女性多处于协助的地位

由于许多女性的犯罪行为是比较隐蔽的,因此选择独自作案的人较多。在少数共同犯罪中,女性往往充当了协助杀人、留门、守望、参与策划等角色。

3. 女性杀人犯中已婚的青壮年女性比未婚女性多

由于女性杀人案件多由感情纠葛引起,而女性在婚后遭遇丈夫虐待、背叛以及第三者破坏婚姻的可能性更大,因此已婚的女性杀人犯较多。

4. 女性杀人犯中,低学历、低收入以及无职业或职业不固定的居多

这类女性认知范围狭窄,对男性和家庭依赖程度强,一旦遇到感情纠葛或家庭变故,缺少有效、合理的应对手段,因此更倾向于采取不理智的极端行为。

5. 犯罪手段越来越残忍

许多学者认为女性杀人犯罪经常使用投毒等较为隐蔽的手段,但近年来发生的一些女性杀人案件却出现了犯罪手段越来越残忍的趋势。国内多项研究发现女性杀人犯罪时,大多数的行凶方式是用工具砍杀或殴打。

(二)女性杀人犯罪的心理原因

女性杀人犯罪起因多为感情纠葛,例如与丈夫感情不和,遭受丈夫虐待而反抗,或者家庭遭遇第三者插足,或者自己有外遇然后残害丈夫等。

女性杀人犯大多认识狭隘,报复心理严重。这些罪犯一般文化程度低,社会活动少,对家庭和感情依赖心理强,一旦发生变故,不能理智地看待问题和解决问题,容易为了报复对方而起杀机。

女性实施杀人犯罪时往往具有剧烈的心理冲突。因为犯罪的对象多与自己有情感联系,涉及复杂的家庭利益关系和感情方面的纠葛,所以许多女性在实施犯罪的过程中会感受到多种矛盾冲突,既有因仇恨引起的杀人冲动,又有各种家庭利益纠葛引起的犹豫不决。但有的犯罪人会一直隐藏自己内心的冲突和杀机,表现得跟平时一样平静,直到策划好一切再实施犯罪。

在个性特征上,吴中任1995年的调查发现,175例女性杀人犯的P分和N分极其显著地高于普通妇女($P<0.001$),L分比较显著地低于普通妇女($P<0.01$),E分无显著差别。这表示女性杀人犯具有高的精神质和神经质特征、较低的掩饰性[2]。说明女性杀人犯一般的

---

[1] 夏菲.论女性杀人犯罪的心理原因及其预防措施[J].公安与司法研究:新疆公安司法管理干部学院学报,1999(02).

[2] 吴中任.175例女性杀人犯的个性分析[J].广西民族大学学报(自然科学版),1995(01).

个性特征是：极度以自我为中心，对人冷漠，缺乏同情心，攻击性强，冲动，不顾后果，孤僻，紧张易怒，对刺激反应过度，对人怀有偏见和敌意。同时她们在做问卷时掩饰性不高，说明头脑比较简单。

二、女性性犯罪心理

性犯罪是女性犯罪的另一种常见形式。在男权社会，女性谋生的空间受到挤压，使得女性的生存压力更大。女性天生的性别特点又让卖淫等性犯罪成为一种轻而易举的谋生手段。在我国，自改革开放以来，女性的性犯罪呈现出上升的趋势。常见的女性性犯罪有重婚罪、强奸罪（共犯），以及强迫、容留、引诱妇女卖淫罪。

女性性犯罪的心理原因有以下几个方面：

（一）享乐心理

有的女性爱慕虚荣，贪图享受，但缺少谋生的手段和意志，于是采用卖淫以及迫使他人卖淫等手段来获取钱财，以满足自己挥霍无度的物质生活。有的女性则以结婚为诱饵，诱骗多个不同的急于成婚的男性与自己结婚，同时获得对方的财物。

（二）畸形的性需求

性的需求本身是人类延续种族的动力，对性需求的适当满足是人的正常追求。但人类的性需求必须受法律和道德文明的约束。性犯罪的女性往往有着畸形的性需求。她们不懂真正的爱情是什么，缺少正确的人生观和价值观，以玩弄异性为乐，无限度地放纵自己的性欲，甚至聚众淫乱，更有甚者患上性传播疾病且不负责任地传播给其他人，这就触犯了法律。

（三）讨好或供养他人

有的女性陷入性犯罪是为了讨好自己身边的男性或者供养家人。例如有的女性卖淫获得钱财之后去供养自己的恋爱对象；有的女性利用其他女性的同情心，欺骗对方，帮助男人猎取女性，以供男性淫乐。这种现象反映了女性犯罪人内心的自卑和自私等人格缺陷。还有些女性犯罪是因为家庭经济负担重，平常的劳动收入不足，为了供养父母或子女不惜牺牲自己。

女性性犯罪会给社会带来极大的危害。女性性犯罪会引起性疾病的高发和传播，给人们的身体健康带来极大的威胁。同时，卖淫等违法行为的泛滥会严重影响社会风气，甚至给涉世未深的青少年带来危害，有的青少年会因为禁不起诱惑而走上歧途。

 专栏

13岁少年"被性服务"

陈女士一家拿着别人送的免费的洗浴票，走进一处洗浴广场消费。当全家人准备离开浴场时，却被告知需要买单198元，因为陈女士的儿子小鹏，在浴场内消费了由女性技师提供的"性服务"。陈女士不敢相信自己的耳朵，儿子虽然身高接近一米八，却只有13岁，还是一个没有辨别能力的孩子。浴场对其提供性服务,是在残害未成年人。据小鹏自述,一位女性技师在询问他年龄知道他只有13岁之后仍然引诱他发生了性行为。女性技师也对浴场经理和陈女士承认确有此事。陈女士愤而报警,但是等到民警赶来调查时,那位女性技师已经不见踪影。

三、如何预防女性犯罪

女性犯罪虽然在数量上还比不上男性,但这些年女性的犯罪率已经大大高于从前。在我国,女性多外出工作,与男性一样承担家庭的经济压力,甚至要承受更大的社会压力。同时她们在家庭上的付出往往多于男性。工作与家庭的双重压力使得女性不堪重负,女性犯罪行为越来越常见。既然女性并不是天生就有较强的犯罪倾向,女性犯罪受外界环境的影响较大,那么我们就可以采取一些措施来预防女性犯罪。

(一)真正实现男女平等,提高女性的经济和社会地位

男女平等观念的普及可以减少女性在工作上受到的歧视和压力,增加男性对家庭的付出,减少女性的身心压力。虽然我国从近代以来都在倡导男女平等,重男轻女的观念却一直都根深蒂固地存在于许多中国人的心中。女性和男性同工不同酬,女性缺少晋升机会,女性在职场中遭受性骚扰的可能性更大,女人更多地被要求为家庭牺牲,等等,都是男女不平等的表现。这些现象给女性造成了很大的生存压力,自然会增加她们的犯罪概率。

(二)在婚姻制度上,增加一些保护女性权益的措施

许多女性的犯罪行为起源于家庭、感情的纠纷。许多已婚女性难以承受丈夫的背叛、婚姻的失败。这当然反映出这些女性的独立意识不够。但更重要的是,女性一旦婚姻失败,面临的经济和精神上的损失要多于男性。如果婚姻法能够给予女性更多的保护和支持,那么女性在面临家庭、感情失败的时候就会更倾向于主动寻求法律的援助,而不会采取过激的行为。

第五章

青少年犯罪

年龄是影响人们心理与行为变化的一个重要因素。人们在年龄的自然增长中要面临的不仅是生活经验的增加，还有身体机能、激素水平的变化。青少年时期是个体身心迅速变化发展的阶段，也是个体对应激敏感、易发生心理与行为意外的时期。来自不同国家和地区的数据都显示：青少年是犯罪行为发生的高峰期，进入中年之后犯罪发生率会慢慢下降。在我国，青少年犯罪是指14周岁以上25周岁以下的人实施的违反法律的、具有社会危害性的行为。

第一节　青少年身心发展的特征

按照发展心理学的划分标准，青少年时期指的是少年期（十一二岁至十四五岁）、青年初期（十五六岁至十七八岁）和青年晚期（十七八岁至二十五岁）的统称。

青少年时期是从儿童向成人过渡的时期。在生理和心理上，青少年都与其他年龄段的个体有不同之处。

一、青少年生理发育的特征

在生理发育上，由于激素的变化，青少年发生了急剧而显著的变化。从身体形态上来看，进入青春发育期之后，青少年的身高和体重增长迅速，很快就接近了成年人。也因为变化太快，许多青少年对自己的变化之后的身体特征感到困惑或者不满。这个时期还会伴随着一系列内分泌的变化。随着青春期的到来，下丘脑与垂体前叶分泌的激素迅速增加，达到与成人相似的水平，让个体的生长素、肾上腺皮质激素和性激素等分泌增多。这些激素不但会引起身体的发育和性发育，还会带来情绪的变化。在身体机能上，个体的肌肉机能、心肺功能和运动能力都得到了飞跃式的发展，这让个体的行动能力比儿童期增强了许多，也为个别青少年的犯罪行为提供了身体条件。

二、青少年心理发展的特征

与极速变化的身体相比，少年期和青年初期的个体心理水平的提高相对缓慢一些。在心理上，他们的思维水平虽然已经比儿童时期提高了很多，但与成年人相比还存在一定的差距。他们开始有一定的独立意识和独立要求，但他们对自己的生理和社会需要的满足能力比较缺乏，尤其是在经济上还要依赖父母和家庭；在对社会的认识和对自己的了解方面还不是很全面，对事物的辨别能力较差，行为和思想都容易受情感、情绪的支配，幼稚而偏激；他们在理想自我和现实自我之间还认识不清，存在自负和自卑等矛盾心理。在这些矛盾现象的支配下，青少年容易因为遭受刺激、引诱而做出不当的行为。

正是由于以上这些生理和心理特点，造成了青少年时期要面临更多变化和挑战。到了青年晚期之后，个体的独立性增强，思想逐渐成熟，行为也渐渐步入正轨。

第二节　青少年犯罪心理特征

《中国法律年鉴》显示,从 2007 年至 2016 年的 10 年间,我国刑事犯罪数量总体呈现上升趋势,而青少年犯罪数量在 2008 年达到顶峰,之后呈减少趋势。这一趋势与我国进入老龄化社会,年轻人数量正在减少有密切的关系。尽管青少年犯罪所占比重在缓慢减少,但它一直都在所有的刑事犯罪中占有较大的比例。

一、我国青少年犯罪的特点

(一) 财产犯罪在青少年犯罪中所占比重最高

从 20 世纪 80 年代以来,由于贪财引发的犯罪在青少年犯罪中始终占主导地位。青少年最常涉及的财产犯罪包括:盗窃、抢劫、入室抢劫、贩毒等。与中年人的财产犯罪相比,青少年的财产犯罪有明显不同。青少年通过非法手段谋取财产往往不是为了养家糊口,而是为了贪图享乐,满足高消费的需要。青少年尤其是未成年人通常还不具备稳定的收入和谋生手段,但是他们要维持社会交往或者满足虚荣心,就需要一定的财力支持,于是有的青少年就偷窃、抢劫或骗取财物。

(二) 与中老年人相比,青少年在犯罪时更倾向于使用暴力手段

有的学者甚至认为暴力犯罪是青少年犯罪的代名词。青少年具有充沛的精力和发达的身体机能,力量和速度都处在人生中最好的阶段,暴力对于他们来说是一种方便实施的手段。由于青少年缺少生活经验和犯罪经验,他们又喜欢拉帮结派,组成团伙来犯罪,尤其是有预谋、有计划的犯罪,大多是三人以上共同实施。同时在青少年暴力犯罪中,激情犯罪的情况比较多,这可能跟青少年情绪控制能力差有关。近年来,随着我国科技水平的发展,在高科技产品盛行这一情况之下,青少年犯罪中出现了一些高科技犯罪,呈现出犯罪手段逐渐智能化的趋势。

(三) 性犯罪是青少年犯罪的重要组成部分

除了财产犯罪之外,青少年性犯罪也是很重要的一种犯罪类型。青少年的性激素分泌处于高峰期,性的需要强烈。但他们对性需求的控制能力较弱,难以做到合理满足、理性控制。另一方面,社会上一些色情、淫秽产品的盛行对于青少年来说是极度不良的刺激。外在不良环境的诱惑,加上内在强烈的需求,容易让青少年以非法的方式满足性需要。在性犯罪中,男性涉及较多的是强奸、轮奸、强迫卖淫,女性涉及较多的是卖淫、组织卖淫和强迫卖淫。

(四) 在性别构成上,男性青少年犯罪人居多

根据李向健 2012 年对某省青少年犯罪规律的调查,男性青少年犯罪人占全部青少年犯罪人的绝大多数,远远超过女性青少年犯罪人。而且,在男性青少年犯罪人中,14~18 周岁

的未成年人超过一半,相反,女性青少年犯罪人中19~25岁的成年人占绝大多数①。可见男性青少年犯罪高发年龄出现得比女性早。

二、青少年犯罪的原因

(一)经济方面的因素

我国正处在经济迅速发展、商品繁荣的时代,各种物质上的诱惑充斥在青少年的周围,激发了人们的物质欲望。青少年在这种环境下成长,难免对物质充满渴望。但他们又缺少谋生手段,靠自己的力量难以满足不断膨胀的欲望。于是,在不正确价值观的引领下,一部分青少年就走入歧途,靠非法手段获得物质财富。

(二)不良社会文化因素的影响

当今社会的信息传播途径很多,传播速度更是惊人。一些不良的文化信息,如暴力、色情等低俗文化就通过一些渠道在青少年中流传。青少年虽然在智力发展水平上已经接近成年人,但他们分辨是非的能力不足,容易被不良文化熏染。有的青少年沉迷于暴力游戏,有的沉迷于色情的音像产品。当他们需要宣泄自己的生理需要和不良情绪时,往往会模仿自己接触到的暴力、色情产品中的信息,出现伤害他人的犯罪行为。

(三)生命观的缺失和扭曲

在应试教育下,学校教育对学习成绩的过分关注会导致对生命教育的忽视。学生在学校里能学会科学文化知识,甚至学习一些法律知识,但未必能学习到生命的意义和价值。生命教育是通过对生命产生、发展知识的教授,使受教育者树立正确的生命观、人生观,形成一种尊重和珍惜自己与他人生命的态度,并在人格上获得完善的一种教育活动。对于那些早早辍学的青少年来说,他们连普通的学校教育都放弃了,更谈不上接受生命教育了。因此,一些青少年可能懂得法律知识,但不懂得敬畏生命,拿自己和别人的生命当儿戏。

 专栏

四少年逃过死刑相视而笑

2004年,4名未成年人在北京制造了一起绑架杀人案。这4名少年分别是任某(18岁)、南某(16岁)、杨某(15岁)、于某(16岁),都是小学毕业后就在外浪荡的失学少年,犯罪时全部不满18岁。当年的3月,任某找到南某和杨某,3个人想去网吧,但都没有钱了,想弄点儿钱花。其中1人提议:"咱们要做就做个大的,反正咱们都是小孩,没到18岁,法律会从轻的,不能判死刑。"于是,他们把目标锁定在家庭富有的16岁学生晓雨身上,策划绑架勒索。过了一段时间,在一个晚上,南某将晓雨骗出来,然后带着晓雨来到一块拆迁地。因为和晓雨认识,他们担心将来晓雨报警,因此决心将晓雨杀死。任某拿起木棍一下将晓雨打倒在

---

① 李向健.当前我国青少年犯罪规律研究[D].芜湖:安徽师范大学,2012.

地,南某、杨某随后用电线、腰带猛勒晓雨的颈部,导致晓雨窒息死亡。随后他们将晓雨的尸体掩埋。第二天一早,任某等人给晓雨家人打电话,勒索150万元赎金。次日,警方将任某、南某、杨某抓获,继而,参与犯罪的于某也被抓获。法院以绑架罪判处任某和南某无期徒刑,判处杨某有期徒刑15年,以包庇罪判处于某有期徒刑2年。

当听到刑期时,4个少年并未如众人期望般地流泪或有所悔悟,他们居然相视而笑,庆幸自己未被判处死刑。此事引起了社会的广泛关注和议论。这4个未成年人都是家庭完整、父母健在,但是显然他们对自己和他人的生命完全没有尊重。

(四)不良家庭环境的影响

不良的家庭包括父母离异、父母社会经济地位低下、家庭教养方式不良、家庭成员有犯罪记录、家庭气氛不和睦等。程玉敏的一项调查显示,与普通大学生群体相比,犯罪青少年的父母学历低,家庭经济情况较差,父母有犯罪记录的较多,犯罪青少年与父母的交流比较少,关系亲密度较低。在家庭教养方式上,更多的普通大学生来自于民主型的家庭——父母提供爱与支持、尊重;而更多的犯罪青少年来自于管教方式较为粗陋的家庭或者放任自流型的家庭——父母不管也没爱和温暖[1]。

(五)童年期的不幸经历造成心理创伤

早期经验影响儿童的人格成长,童年期有过较多不幸经历的个体更容易出现心理缺陷。孔祥娜(2017)调查发现,女大学生的童年期受虐经历越多,其心理韧性越差。路肖肖(2017)研究发现,与普通青少年相比,青少年犯罪人在儿童期遭受了较多的虐待,并且儿童期虐待对青少犯罪有重要的预测作用。其中,儿童期性虐待对青少年犯罪的预测最为显著,其次为躯体虐待与情感忽视[2]。这些研究提示我们,在儿童期遭受虐待尤其是性虐待的个体长大后更容易出现心理问题,更容易有犯罪行为。

第三节 留守儿童——离危险有多近?

一、留守儿童产生的背景

自20世纪70年代末开始,我国的改革开放政策令城市的经济有了飞速的发展。城市经济的发展带来了很多工作岗位,使得农村大量的劳动力有了谋生的机会。同时由于我国有着独特的城乡户籍管理制度,进城务工的农民只能向候鸟一样,有工作机会了就奔向城里,年底干完活拿到工钱后就回到家乡。他们虽然大多数时间在城里辛苦劳作,但城市并不是他们的归属。青壮年劳动力涌向城市的时候,留在家乡的是他们的眷属,于是产生了留守老人、留守妇女和留守儿童。

---

[1] 程玉敏.家庭成长环境与青少年犯罪关系实证研究[J].犯罪与改造研究,2018(08).
[2] 路肖肖.儿童期虐待与青少年犯罪关系研究[D].北京:中国人民公安大学,2017.

留守经历是中国城市化进程带给农村儿童的伤痛。2016年11月9日,民政部发布的农村留守儿童摸底排查结果显示,全国农村留守儿童有902万人。在最需要父母陪伴的年龄,他们被留在农村。留守儿童中最幸运的是父母只有一方外出,通常是父亲打工,母亲带着孩子留守;比较不幸的是父母都打工,儿童跟随年迈的祖父母;最为不幸的是父母不在身边,也没有其他亲人监护。2015年,贵州毕节市4名留守儿童喝农药集体自杀。他们的父亲外出打工,母亲2014年外出去向不明,祖父母已经去世,4个孩子没有任何成年人监护。这种贫穷而绝望的处境令长子长期抑郁,最终他带着弟弟妹妹们走上了绝路。

弗洛伊德早已洞悉童年经验对人格发展的重要性。童年的留守经历给农村青少年的身心发展到底带来多大的影响?大量的研究证明,留守儿童由于缺少关爱和管理,身心健康、道德品质、学业成绩等均受到负面的影响。贫穷和缺少陪伴使得他们营养不良,孤独抑郁,没有安全感,学习成绩远不如非留守儿童,并且违法犯罪行为会成为离他们较近的危险因素。有的留守儿童尤其是女童成为被侵害的对象,有的留守儿童则行为失范,变成了"问题儿童"。

二、留守儿童容易受到的伤害

我们先来探讨留守儿童作为受害者被伤害的问题。2016年,全国检察机关批准逮捕侵害农村留守儿童的犯罪嫌疑人(1648件案件中的)1986人,起诉侵害农村留守儿童犯罪案件2151件(2663人。)这些数字向我们昭示,留守儿童容易成为犯罪分子侵害的对象,他们离危险和伤害非常近。留守儿童容易受到的伤害主要表现在以下方面。

(一)意外伤害

2015年,新华网指出,中国每年近5万儿童死于意外伤害,其中多数是留守儿童。由于留守儿童缺少家长监护,容易出现交通意外、中毒、溺水等事故。中国青少年研究中心2014年发布的一份调研报告指出,49.2%的留守儿童在过去1年内遭遇过意外伤害。

(二)被性侵

缺少监护的孩子容易成为被性侵的对象。"女童保护"志愿者在深入山区、乡村等实地考察后发现,农村留守儿童长期缺乏完善的监护,儿童的自我保护教育及基础生理教育较为落后,甚至是空白。2016年6月,新华社的一项专题指出,在未成年人被性侵的案子中,曝光的多是城镇儿童,这并不代表农村儿童被侵犯的少。因为农村儿童被性侵之后,"沉默"是许多家庭的选择。施害者的恐吓与威胁,惧怕歧视和偏见,成了受害儿童及其父母沉默的主要原因。

三、留守儿童违法犯罪问题

在被伤害的同时,一些留守儿童也成为危险的制造者。2004年公安部对未成年犯罪的一项调查显示,全国未成年人受侵害及自身犯罪的案例大多数在农村,其中大多数都是留守儿童[1]。

李安居(2017)指出,从法律保护的视角,留守儿童的失范行为可以分为三类[2]:

第一类,越轨行为。留守儿童越轨行为是指留守儿童违反社会公德、社会秩序、学校制度等行为,如不诚实行为、欺骗行为、违反学校纪律行为等。许多留守儿童跟祖父母生活在一起,没有父母的严格管教,祖父母的溺爱让他们在行为规范和生活态度上容易出现一些问题,比如懒散、依赖等。农村祖父母往往文化程度低,对教育的重视不足,使得留守儿童的作业无人辅导和监督,容易养成抄袭、拖拉、考试作弊等坏习惯。在与老师和同学的交往中,许多留守儿童因为缺少管教,对老师不尊重,不懂礼貌,与同学发生冲突,打架斗殴时有发生。这些越轨行为如果得不到及时矫正,就可能会发展成违法问题。

第二类,违法行为。留守儿童违法行为是指违反法律法规并带来许多社会危害的行为,这些违法行为具有一定的社会危害性,但是并没有触犯国家刑法。由于学习成绩差,在校表现不佳,有的留守儿童会经常逃学,结识不良社会人员,或与学校里的坏学生结成团伙,逐渐卷入一些违法活动中,比如小偷小摸、打架斗殴、霸凌同学等。这些违法行为比越轨行为危害更大,会遭到执法机构的处罚。如果违法行为得不到及时的纠正,任其发展下去,就可能会产生严重的社会危害,逐渐演变成犯罪行为。

第三类,犯罪行为。我国刑法规定,14岁以下的儿童不用承担法律责任。只有14岁以上的留守儿童做出的犯罪行为需要承担法律责任。但14岁以下的留守儿童中仍有一部分人做出了对社会危害极大、达到犯罪程度的行为。2017年,成都市人民检察院召开的新闻发布会指出,随着经济社会发展和城市化进程加快,成都未成年人违法犯罪问题日益突出,留守儿童或问题家庭背景未成年人涉嫌犯罪占比高达90%。

 专栏

3名儿童杀害老师

2015年,湖南某小学的李老师在学校的宿舍楼遇害。凶案现场有大量喷溅血迹,尸体有被搬动的痕迹,死者包里的现金遗失。案件被判定为抢劫杀人。经过公安机关的全力侦破,发现犯罪嫌疑人是3名未成年人:刘某(13岁)、赵某(12岁)、孙某(11岁)均为留守儿童。3人在学校闲逛时发现李老师在值班,于是萌生歹意,决定抢李老师的钱并将李老师打死。因感到饥饿,刘某先用工具将学校小卖部的门撬开,偷走面包、棒棒糖若干,然后用木棍将李老师打倒,之后将李老师追赶至厕所内继续实施殴打,并用毛巾捂住李老师的口鼻,逼问钱财放在哪里。后来李老师被捂死了,3人偷了她的财物,把尸体藏匿在床底就逃走了。由于3人均未达到刑事责任年龄,只能报送至某工读学校教育。

张寒玉,王英(2017)指出,除了遵循青少年犯罪的共同缘由外,留守儿童犯罪相较于其他未成年人犯罪有以下三个特点[3]:

---

[1] 聂吉波."留守儿童"犯罪的实证分析——以重庆"留守儿童"犯罪调查数据为样本[D].重庆:西南政法大学,2009.
[2] 李安居.法律保护视角下农村留守儿童行为失范问题的治理[J].安阳工学院学报,2017(03).
[3] 张寒玉,王英.留守儿童犯罪预防初探[J].青少年犯罪问题.2017(05).

第一，低龄化、低学历、团伙化。由于无法享受到正常的家庭关爱，许多留守儿童早早地沾染了社会不良习气，在没有得到有效干预的情况下，不良行为习惯容易升级为违法犯罪行为，因此留守儿童犯罪呈现低龄化的趋势。根据多个研究报道，未成年人犯罪案件中，没有完成九年义务教育而辍学的留守儿童所占比例远远高于未辍学的，造成了留守儿童犯罪低学历化的现象。再者，留守儿童缺少父母陪伴，与（外）祖父母存在严重的代沟，所以同龄人的友谊和交往成为他们的精神慰藉。留守儿童可以在团体中找到归属感和安全感。在犯罪时，他们年龄小，缺少独立犯罪的经验和勇气，因此，留守儿童犯罪呈现出团伙犯罪居多的现象。

第二，以侵犯财产类行为为主，极端暴力案件增多。由于留守儿童所处的农村一般经济条件较为落后，父母的经济收入较低，儿童在生活条件上较为贫苦。但留守儿童往往又因为沉迷网络游戏、朋友交往等需要一定的金钱支持，在物欲和生存压力的推动下，留守儿童犯罪中就较多地出现侵犯财产类行为，如偷盗、抢劫等。在侵犯他人财产的过程中，因为缺乏对生命的敬畏，情绪控制能力差，留守儿童的侵犯财产行为容易演变为极端恶性事件。如上文所说的三名儿童杀师案就是此种类型。

第三，矫正难、再犯率高。由于缺乏有效的监管和教育，留守儿童在初犯之后重新犯罪的概率明显高于其他未成年人，且矫正难度大。留守儿童的父母在孩子做出违法行为之后，仍然要为生存奔波，用在矫正孩子上的精力要少于非留守儿童的父母。留守儿童的生存环境得不到改善，他们的犯罪行为就难以矫正，容易出现反复。

对留守儿童犯罪现象高发的原因，总结下来大概有以下几个方面。

第一，未成年人的监护缺乏保障。《中华人民共和国未成年人保护法》虽然规定了"保护未成年人，是国家机关、武装力量、政党、社会团体、企业事业组织、城乡基层群众性自治组织、未成年人的监护人和其他成年公民的共同责任"，但留守儿童现象的出现及他们的生存困境显示出相关责任人没有对他们进行有效监护。我国民政部2016年的报告指出，全国农村留守儿童902万人中，由（外）祖父母监护的805万人，占89.3%；由亲戚朋友监护的30万人，占3.3%；无人监护的36万人，占4%；一方外出务工另一方无监护能力的31万人，占3.4%。另外，近32万由（外）祖父母或亲戚朋友监护的农村留守儿童监护情况较差。在这种情况下，社区、政府并没有什么有效的监督制度来援助、监护这些留守儿童。留守儿童中频繁发生意外伤害，个别留守儿童无法无天的犯罪行为，就是在缺少监护的情况下发生的。

第二，家庭教育功能不足。（外）祖父母在监护的同时往往只关注了儿童的吃饱穿暖，对教育和心理方面的关注远远不足。农村家庭的夫妻由于长期两地分居，感情不睦的越来越多，导致离婚率上升。越来越多的留守儿童生活在破碎或不和睦的家庭中。即使家庭结构健全，父母并未离异，长期的外出工作也使得他们难以完成父母的正常功能。留守儿童缺少关爱和照顾，不良行为得不到及时矫正，因此他们容易受不良环境的影响而出现违法犯罪行为。

第三，农村教育资源匮乏，学校教育难以充分预防犯罪的功能。我国农村的教育资源长年匮乏。国家为了提高农村的教育质量，出台了许多政策，从人力、物力和财力等多方面给予支持。目前我国大多数省份的农村中学硬件方面已经得到了极大的改善，但在教师资源上却得不到明显的改善。以湖北省为例，从三支一扶到新机制教师，政府为了增加农村学校的师资力量用尽方法，却仍然留不住人才。大量优秀的青年教师流失，教师人手不够，对学生的管理自然难以完善,更别提学生心理健康工作的提高了。在这种情况下,学校教育是很难充分发挥它的育人功能的。学生由于家庭状况造成的心理、行为问题,在学校依然得不到充分的关注和矫正。

第四,对未成年人不良行为的教化、矫正工作存在不足。对出现违法犯罪行为的留守儿童,应以教化为主,惩罚为辅。留守儿童重复犯罪率高这一现象说明了对他们的教化、矫正工作的不足。我国14岁以下的未成年人在出现严重危害社会行为时并不构成犯罪,不适用刑事处罚。但这种不良行为如果没有得到矫正,之后再次发生,就会陷入"养猪困局":养大了再杀,养肥了再杀。14岁以上留守儿童在出现严重违法行为之后,会被送往少管所进行改造。但在少管所又会结识更多不良少年,容易造成"交叉感染",有的少年犯学会了更多犯罪手段。部分13~17岁的问题少年会被送往工读学校,接受文化、法律和职业等方面的教育。但我国绝大多数的工读学校几乎"门可罗雀",人数极少,导致有的学校不得不停办。这种现象说明了家长对未成年不良行为矫正的不重视。那些出现不良行为但没有被送往少年犯管教所、工读学校,仅责令监护人加强教育的留守儿童,几乎得不到任何专业的矫正和帮助,在父母继续外出打工之后,他们的生活又恢复了原状。这些原因造成了留守儿童重复犯罪率高的现象。因此,社区、政府应该重视、加强对留守儿童问题行为的矫正工作。

第五,犯罪与贫穷的高相关性。弗兰茨·冯·李斯特认为,"任何一个具体犯罪的产生均由两个方面的因素共同使然,一个是犯罪人的个人因素,一个是犯罪人的外界的、社会的,尤其是经济的因素"[①]。贫穷意味着失业、恶劣的居住条件、低收入、低文化、酗酒,等等,这些都是导致人们产生犯罪行为的影响因素。留守儿童的父母外出务工虽然可以增加家庭的收入,但相对于其他普通家庭来说,外出务工的父母没有能力将子女带到城市一起生活,意味着他们的经济收入不够高,生活压力大,还处于相对贫困的状态。再者,劳动力输出数量大的地区一般都是经济发展较为落后的贫困地区,居民整体的生活水平较低。这样的经济状况本身就与犯罪行为有很高的相关性。努力发展经济,减少贫穷才是消灭犯罪的最佳手段。

关于如何减少围绕在留守儿童周围的伤害、违法犯罪行为,笔者认为,留守儿童是国家经济发展过程中出现的一个特殊现象,是整个民族的伤痛,也是整个国家和民族的责任。只有我们的国家富强了,地区经济差异缩小了,父母和子女不用分离,才能从根本上解决问题。但短时期内这个问题是无法解决的,只能靠我们所有人一起努力,一步步改善。

---

① 弗兰茨·冯·李斯特.德国刑法教科书[M].徐久生,译.北京:法律出版社,2000.

第六章

老年人犯罪心理

不同国家对老年人的界定标准有差异。有的国家把65周岁以上的人称为老年人,在我国,60周岁以上即为老年人。截至2014年,我国60岁以上老年人口达到2.1亿,占总人口的比例为15.4%。这个数据显示着我国已经逐渐进入老龄化社会。人口老龄化会带来很多问题,如经济发展速度变慢,国家和个人的养老支出增加等,还有一个特别的社会现象,就是老年人犯罪会增加。

第一节 老年人的生理和心理特征

一、老年人的生理特征

(一)运动机能降低

与年轻时相比,老年人的快肌纤维萎缩速度很快,使得老年人的快速行动能力变弱,同时运动的灵活性和平衡性也逐渐产生障碍。老年人运动速度变慢的同时还伴随着脂肪比重的增加,造成老年人行动不便,运动量减少。再加上老年人容易出现疾病和外伤,使得老年人的肌肉出现更多的萎缩。在肌肉力量方面,人的肌肉力量在30岁之前达到顶峰,之后逐渐衰退,尤其是下肢力量会比上肢力量减退的幅度更大。肌肉力量的变化有性别差异。对年轻人来说,男性的力量比女性大。但到了老年,两者就差别不大了。老年人运动速度和力量的减弱决定了老年人的活动范围比年轻人小。老年人还容易患上帕金森综合征、亨廷顿舞蹈症等,造成运动障碍。老年人衰退的体力和严重下降的运动机能,造成了他们不可能像青少年一样热衷于直接的暴力活动。

(二)感官退化

进入老年期之后,个体的各种感官功能均出现不同程度的退化,其中视觉和听觉的退化对个体的影响最大。老年人的视敏度下降,造成老年人普遍有老花眼,对近处的物体分辨不清。老年人对颜色的感知能力也下降,尤其是对蓝色、绿色等短波颜色。老年人还容易出现白内障、青光眼等眼科疾病。在听觉方面,老年人对高频的声波感知能力下降更为明显,对声音的辨别能力也下降了。老年人味蕾因为萎缩而减少,味觉退化,因此老年人吃饭"口味重",尤其嗜咸。老年人的其他感官功能,如嗅觉、触压觉、痛觉、皮肤温度觉等方面都有不同程度的减退。这些感官功能的减退带来的是老年人认知能力的下降。同时由于视听觉方面的缺陷,老年人容易产生各种猜忌,敏感多疑,经常将别人的与己无关的言论当成是在议论自己,然后产生人际冲突。

(三)神经系统功能降低

进入老年之后,脑组织会逐渐萎缩,脑体积和脑的血流量减少,神经系统发生衰老,神经信息传导的速度会变慢,自主神经系统的功能下降。这些变化导致老年人大脑反应的速度和准确性都不如年轻人了。随着衰老的增加,老年人还容易患上老年痴呆等智力障碍。正是由于神经系统功能的降低,老年人容易出现认知上的错误。

（四）性机能并未消失

由于身体机能的减退，老年人的性欲会逐渐减弱并丧失。男性到 80 岁，女性到 70 岁时，将有 50％的人完全丧失性欲。有研究指出，男性在 50 岁之后勃起能力会有显著的减弱，女性阴道黏液的分泌也随着年龄的增长而减少。因此老年人性生活的频率比年轻人要低。同时一些老年疾病如糖尿病、癌症等，以及老年人常服用的抑制性的药物也会使得老年人性欲减低。但这些现象并不意味着老年人就没有性欲和性生活，这里存在个体差异。有的老年人一直有性的欲求，性犯罪在老年犯罪中是比较常见的类型。

二、老年人的心理特征

（一）认知能力下降

由于感官机能和神经系统机能的下降，造成老年人的感知、记忆、思维等认知能力全面降低，最终的结果是老年人的智力逐渐衰退。不过这并不意味着老年人丧失了学习和工作的能力。事实上，许多科研工作者和各个领域的优秀人物一直坚持到老年仍然战斗在一线，为国家和社会做出了巨大贡献。所以老年人智力的衰退情况是存在个体差异的。如果老年人一直保留着学习新事物的热情，注意科学用脑，可以延缓智力的衰退。相反，如果老年人终日无所事事，不思进取，对什么事情都漠不关心，混吃等死，这样的老人不但智力会衰退，更有可能患上老年痴呆等障碍。

（二）情绪情感变化

许多老年人在退休之后出现了极大的不适应。社会地位的改变、生理上的衰退等让他们感到消沉、失落和寂寞抑郁。这些消极的心态如果得不到及时调整，累积下来可能会出现心理障碍。老年人神经系统功能下降之后，适应环境的能力降低，对情绪的调节能力也受到影响。一旦发生负面情绪体验，其体验强度很容易上升。这就使得许多老人的情绪具有冲动性和激动性，难以管理。老年人在强烈的情绪支配下与人发生激烈冲突的情况并不少见。

许多老年人对子女的孝顺、子孙的陪伴有情感上的需求。但由于子女工作忙碌，这种情感需求难以得到满足。有的老人丧偶之后具有强烈的孤独感，就对再次结婚和恋爱充满了渴望。但这种恋爱和结婚的要求往往被子女否定，甚至被子女训斥，给老人们带来极大的挫败感。老年人的情感需求得不到满足，往往表现出焦虑、抑郁、敌视等负面情绪，甚至会产生攻击行为。

（三）意志力薄弱与顽固并存

老年人的意志力表现出两极性。一方面，老年人在控制自己的需求和冲动面前意志力薄弱。有的老年人明知道犯罪会受到惩罚，但控制不住自己的冲动。另一方面，在一些不良习惯面前，老年人又表现出极大的顽固性和坚持性，旧的不合理的行为习惯不肯改，新的事物不肯接受。这样，一些老人在恶习的驱使下，控制不住自己的冲动，自然容易做出越轨的行为。

（四）人格变化

由于人格具有一定的生理基础，当人的生理机制衰老之后，人格也会受到影响。这种影响有两种类型：一个是朝向积极的方向变化；一个是朝向消极的方向变化。有的具有反社会人格障碍的坏人在年老之后有变好的趋势，这反映了生理变化对人格转变的影响。但更多的情况是，普通老年人的人格特征可能会向消极的方向发展。比如许多老人变得以自我为中心、顽固不化、任性冲动、猜疑心强、不接受新事物、唠叨不休、旧事重提等。偏偏这些特点会引起子女的反感和排斥，但又不积极应对，认为这是老人的常态，"老小孩"而已。这些人格上的消极特征如果得不到矫正，就可能会演变成比较严重的人格异常，甚至发生违法犯罪行为。

（五）对恋爱和婚姻仍有渴望

很多人认为老人年纪大了就不会再有恋爱和性的需求，这是极度错误的观念。很多丧失配偶的老人都有再婚的欲望，而且老年时期的婚恋对他们的健康非常有影响。日本和俄罗斯的一项调查表明，越是长寿的老人，他们的配偶越有可能仍然健在；离婚或丧偶的独身老人的发病率和自杀率都要高于婚姻美满配偶健在的老人[①]。再次恋爱和结婚给老人带来了幸福感，那些曾经有过自杀念头的单身老人，在重新结婚或恋爱后都打消了轻生的念头。但是，如果老年人的婚恋和性的需求得不到满足，就可能会寻求一些不良的宣泄渠道，比如观看黄色书刊和录像、嫖娼，甚至奸淫幼女。

老年人的这些身心特点，使得老年人与青少年和中年人的犯罪行为有着非常明显的区别。

第二节 老年人犯罪心理分析

在我国，老年人犯罪指60周岁以上老年人所实施的犯罪行为。老年人本应安享晚年，含饴弄孙。在犯罪问题上，老年人大多扮演着受害者的角色，例如一些诈骗犯和邪教组织喜欢以老年人为欺骗对象。但是由于种种原因，一些老年人却走上了违法犯罪的道路。

一、老年人犯罪的特征

综合国内学者的研究，可以归纳出老年人犯罪的主要特征。

（一）老年人犯罪总体数量不大，但呈现出逐年上升的趋势

我国老年人犯罪的数量在犯罪总数中所占比例并不大，但各地对老年人犯罪的统计却表明老年人犯罪率呈上升趋势。未来我国老年人的数量会不断增加，可以预见老年人的犯罪率也会随着上升。

---

① 李霞.老年人的恋爱和再婚[J].今日科苑,2009(17).

(二)老年人犯罪以男性居多

在银川市 W 区人民法院 2014—2016 年审理的 56 个老年人犯罪案件中,全部罪犯均为男性,没有女性;银川市 L 区人民法院 2013—2016 年审理的 45 个老年人犯罪案件中,全部罪犯均为男性,没有女性[1]。其他统计数据也都显示出老年人犯罪男多女少的特征。

(三)初犯比例高

大多数老年罪犯是没有前科的,并不符合人们对"老年人犯罪是坏人变老了"的认知,相反,大部分老年人犯罪属于"老年人变坏了"。这说明衰老问题所伴随的身心健康问题、经济问题等是老年人犯罪的原因。

(四)老年犯罪嫌疑人一般文化层次较低

由于旧社会我国经济文化水平较为落后,导致老年人接受教育较少,整体文化层次不高,尤其是农村老年人文化程度更低,文盲或半文盲非常多见。文化水平低就会造成法律意识淡薄。

(五)老年人的犯罪类型中,性犯罪突出

老年人犯罪的类型呈多样化,盗窃、诈骗、凶杀、性犯罪都有,但性犯罪非常突出。在某项调查中,59 名老年罪犯中,七成与性有关,大部分属于强奸和嫖娼等性犯罪[2]。这些老人大多丧偶或一直未婚,有的是因为经济条件差,无钱再婚,有的是因为子女反对而不能再婚。不健康的思想和未被满足的性需求驱使他们去嫖娼,有的没钱去嫖娼还色胆包天,就去猥亵、强奸体力弱小或有精神障碍、智力障碍的女性。

(六)单独犯罪多,共同犯罪少

老年人不像年轻人那样喜欢拉帮结派的团伙活动,他们大多独来独往,独自实施犯罪活动。这跟老年人性格较为固执,难以听取他人意见有关,也跟老年人爱面子、不愿意别人知道他们的犯罪活动有关。这也反映出老年犯罪具有很强的隐蔽性。

(七)犯罪手段的间接性、非暴力性

由于老年的犯罪分子生理机能低下,他们在犯罪时更倾向于采用间接、隐蔽的方式,如诈骗、诱骗、勒索等。有的老年人利用人们的同情心在大街上"碰瓷"勒索,受到人们的唾弃。

(八)具有较强的预谋性

老年人的体力不占优势,性格也不像年轻人那样冲动,所以他们在犯罪前必须仔细谋划,避免事情败露。但老年人的智力条件不如年轻人,他们即使精心谋划,也难以做出年轻人的高科技犯罪。所以老年人犯罪尽管有预谋性,案件侦破的难度并不会特别大。

---

[1] 毕惜茜,马麒.老年犯罪嫌疑人心理及审讯研究[J].山东警察学院学报,2018(04).
[2] 周子璇.老年人犯罪——不容忽视的犯罪主体[J].湖南农机,2006(07).

（九）侵害对象多是弱势群体

在老年人犯罪中也有一些涉及暴力的犯罪。但老年人没有年轻人的身体条件，普通的暴力犯罪难以得逞，所以他们会把侵害的对象指向更为弱势的群体，如强奸、残杀智障女性或年幼的女童。

二、老年人犯罪的原因

（一）法制观念淡薄

许多老年人因为没有文化所以缺少法律意识，仅以自己的好坏标准和风俗习惯为做事依据，盲目蛮干，触犯法律反而理直气壮。有些农村老人为儿子买媳妇、卖女儿，还不准司法人员干涉他们的"家事"；有的老人蛮横阻挠政府工作人员合法办公；有的老人猥亵自己家或者亲戚家的幼女而不知这是犯罪。这些现象都反映了老年人在法律上的无知。

（二）身体素质较好

现在的老人，无论是身在农村还是城市，在当今的医疗条件下，身体素质都保持得不错，尤其是刚过 60 岁的老人，仍然具备较强的行动能力。这本是个好现象，反映了人们群众生活质量提高了。但这也造成了不少思想不健康的老人具备较为健康的身体，方便他们实施犯罪行为。

（三）生活缺少经济保障

我国城市的老人大多有退休金，但不同老人之间退休金的数额差距较大；农村老人的退休金则寥寥无几，一年只有几百块，根本无法满足基本的生活需要。在我国现在的国情之下，有儿女的老人大部分都要节衣缩食为子女攒钱买房买车。在重大的经济压力之下，有的老人会通过盗窃、诈骗、勒索等不法方式谋取钱财。

（四）心理孤独，精神空虚

在我国经济迅速发展的同时，许多传统的养老、敬老的观念正在慢慢淡化。许多子女都忙于自己的事业，无暇顾及家中的老人。由于老年人收入减少，能为家庭做的经济贡献减少，这也造成不少子女轻视老人，甚至视老人为累赘。缺少子女的关爱会造成许多老年人深感孤独寂寞。如果老伴去世或者夫妻感情不睦，这种精神上的空虚感会更强烈。长期的孤独寂寞情绪累积下来，一旦遇到应激事件，极容易引起老人的情绪爆发，甚至引发犯罪行为。失去配偶的老人如果再婚的愿望受到阻挠，性需求得不到满足，则可能去嫖娼，甚至去侵害儿童。

（五）生活恶习的累积

有些老人在年轻的时候就有小偷小摸的恶习，或者贪酒好色，或者嗜赌如命，自私自利。这些恶习如果在以前没有得到纠正，年老之后就变成了根深蒂固的习惯，不但不收敛，反而仗着法律对老年人的宽大，倚老卖老，更加肆无忌惮地违法犯罪。

老年人犯罪的原因与本国的经济与文化状况是密切相关的。一般来说，整个国家老龄化越严重，老年人犯罪人数越多。一是因为老年人的人口基数大，二是因为整个社会的养老压力大。

 专栏

日本的"银发冲击"

日本的老龄化程度堪称世界闻名。截至2017年年底，日本65岁以上的老年人占总人口的比例为27.8%，基本上每三个人中就有一个老年人。这些年日本的经济发展速度慢，人口出生率低，整个社会的养老压力非常大。古代的日本，在经济落后时期曾经有过一个野蛮的传统，政府会把老年人扔到深山里，以减轻国家和家庭的负担。在现代社会，日本是著名的经济发达国家，噩梦却又重现。只不过这次，老人们不是被扔到深山，而是医院。许多家庭把生病的老人往医院一扔就不管不问。这种国情下，日本的老年人举步维艰。

老年人越来越多，日本又是少子化的国家，缴纳养老保险的年轻人越来越少。因此老年人能够领取到的养老金非常微薄，不能满足生活的需要。许多老年人在退休后一般还要自谋生路。但老年人在劳动力市场上并不吃香，这就导致一些生活贫困的老年人走上了盗窃等犯罪之路。

日本是犯罪率较低的国家，整个社会的治安处于良好的状态。日本的法律严苛，对犯罪行为的处罚非常重。但近年来日本的老年人犯罪率却不断上升，变成了一个严重的社会问题。老年人不但犯罪率升高，还出现了服刑时间长、重复犯罪率高的现象。究其原因，老年人在监狱内外的生活差别太大了。日本的监狱设施齐全，生活条件好，吃住看病全包。那些在外面生活贫困的老年人到了监狱后就可以过上没有压力、没有负担的生活。因此，许多老年人把监狱当成了养老院，出狱后就再次犯罪，以求重新回到监狱养老。

三、我国农村老年人的犯罪问题

许多地方的调查数据显示，在老年人犯罪案件中，农村老人犯罪占了多数。与城市老人相比，农村老人在经济状况、文化素质等方面都处于劣势。这让他们的犯罪行为具有一些独特性。

（一）农村老年人的生存质量和精神信仰状况

笔者曾经在中西部地区选取了具有代表性的村庄，调查了农村老人的生存质量和精神信仰的现状。在生存质量方面，经济发达地区的农村老人生存质量高于经济欠发达地区的农村老人；在农村从事其他职业的老人生存质量高于务农的老人；老伴健在的农村老人在社会关系方面好于丧偶或未婚、离异的老人；留守老人生存质量低于非留守老人。从这些结果中可以看出，经济收入低的、独身的以及留守的农村老人生存质量是比较差的。在精神信仰方面，农村的女性老人比男性老人的超自然信仰更高；经济比较落后地区的农村老人的超自然信仰、伦理信仰、社会信仰和实用信仰都比经济较发达地区的农村老人要高；务农老人的伦理信仰高于从事其他职业的农村老人；留守老人的超自然信仰和伦理信仰高于非留守的老人。这些结果提示我们,在农村,女性和经济条件较差的老人以及留守老人的精神信仰问题非常值得重视①。农村老年人在生存质量和精神信仰方面的特点会给他们的犯罪行为带来一定的影响。

（二）农村老年人犯罪的特征

同老年人犯罪的总体趋势一样,农村老人的犯罪率也在上升中。农村老人的犯罪特征大多与前文所述老人犯罪的特征一致。不过除了共同特征之外,农村老人犯罪还有一些比较独特的地方。

第一,犯罪类型多样化,财产犯罪最为突出,暴力犯罪和性犯罪比例也不低。农村老人的经济状况比城里老人要差很多,谋生的压力巨大,盗窃和诈骗是农村老人主要涉及的财产犯罪。农村老人的文化素质更低,长期的体力劳动也让他们比城里老人更容易出现肢体上的暴力冲突。农村老人一旦丧偶,再婚的阻力更大,所以他们的性犯罪行为也很突出。

第二,农村老人犯罪具有季节性②。农忙时节犯罪行为较多,农闲和节假日较少。农忙时节,家里的劳动力要么在农田劳动,要么外出打工,家中无人的可能性更大,这就给老年犯罪人提供了入室盗窃或顺手牵羊的机会,也给那些无人照看的孩子带来了危险。农闲时候家中有人,家长对子女的照顾更为精心,给老年犯罪分子减少了犯罪机会。

第三,农村老年人犯罪后,遭遇私了的情况比较多。农村老人的行动力有限,虽然有部分老人会去城里犯罪,但这需要一定的体力和智力。对于年纪更大的农村老人来说,犯罪的范围就是周边的农村。在农村,由于传统的宗族力量影响巨大,村民的法制观念较弱,在农村发生的犯罪事件私了的就比较多。如果犯罪分子是老年人,在宗族中有一定的影响力,甚至是受害者的长辈,事件曝光后,所有人可能都觉得颜面受损。而且法律对老年人又比较宽容,走司法程序之后受害者实际得到的补偿不一定令人满意。在这些因素影响之下,老年人犯罪私了的情况就比较多了。但这种现象带来了极大的坏处。老年人得不到法律的审判,再次犯罪的可能性就增加了,再者,也给老年人犯罪数量的统计带来了困难。

第四,农村老年人是邪教分子容易发展的对象。邪教分子最容易迷惑的对象是年老体弱、精神空虚、生活磨难较多、需要精神慰藉的人。许多农村老人符合这个标准。"法轮功"和"全能神"等邪教在农村都拥有大量的信徒。有不少孤独无靠的留守老人在邪教分子虚情假意的蒙骗、蛊惑下加入了他们的组织。

（三）农村老年人犯罪的原因

农村老年人犯罪,除了与一般老年人犯罪具有共同的原因之外,农村特殊的文化环境和农村老人特殊的处境是重要的影响因素。

不管是与农村其他年龄段的人相比,还是与城里老人相比,农村的老年人的生活质量都是较低的。他们没有经济来源,政府发的养老保险或者救济是杯水车薪,根本不能满足生活的需要。如果子女不孝顺,不给予经济支援的话,农村老人的生活真的是步履维艰。根据笔者的了解,农村的年轻人极少在经济上支援老人,很多人反而需要老人的资助,年轻人"啃

---

① 孔祥娜,吴亚林,刘宗南,等.农村老年人的精神信仰探析[J].中国健康心理学杂志,2017(02).
② 刘明.中国农村老年人犯罪的预防[D].长春:吉林大学,2012.

老"在农村是普遍现象。这些原因造成了大部分的农村老年人经济状况极差。社会经济地位的低下与犯罪行为之间具有密切的关系,这个规律也适用于解释农村老年人的犯罪问题。

农村老人缺少科学的信仰。在笔者以往的研究中就发现农村老年人有着非常明晰的超自然信仰,尤其在那些经济条件较为落后的村庄。女性的农村老人和留守老人的超自然信仰更为明显。农村本来就是封建迷信思想残留较多的地区,人们缺少科学的信仰。女性的农村老年人在家庭中地位较低,精神上缺少关爱;她们本身也缺少科学文化知识,面对生活中出现的各种磨难、打击容易做出唯心的解释,因此农村的老年女性容易具有超自然信仰,膜拜鬼神。农村有大量的留守老人,他们不仅要承担农田的劳作,还要抚养孙子女,在经济上、体力上和精神上都有很大压力;子女长期外出,老人在精神上缺少抚慰,在健康方面缺少照料,在人身安全上也得不到保障。许多留守老人靠着超自然的精神信仰作为精神支柱,这给许多披着宗教外衣的邪教分子以可乘之机。

农村老人的犯罪问题与农村的宗族文化有密切关系。在农村,人们受宗族观念的影响很深,宗族观念对人们的影响力甚至会高于法律规范的约束力量。在有些农村,有些老人为了传宗接代,会主动替儿子买媳妇或买男婴;有时候村民甚至会团结一致阻挠他人对被拐卖人口的解救。这些怪现象都反映出封建的宗族观念影响力之大。法治文化的缺失也造成了农村老人在与人发生冲突时不擅长用法律手段解决,而是用家族势力,甚至使用武力来解决。

第三节 老年人犯罪的预防

我国老年人人口基数大,一旦老年人犯罪持续增长下去,肯定会给整个社会带来巨大的不安定因素。因此对老年人的犯罪问题必须予以防治。

一、个体和家庭方面的预防措施

(一)维护老年人的身心健康

老年人的身体机能退化,给他们的身心健康带来了诸多负面影响。如果能够通过合理的医疗保健、深入的心理关怀来促进他们的身心健康,自然能减少他们犯罪的可能性。现在城市的居民医保和农村的合作医疗已经能保证老年人定期进行血压、血糖等基本项目的检测,但对更大的疾病以及精神疾病的监控是无法保证的。这些方面还是需要家庭成员和老人自己来共同关注和改善。维护好身心健康才能减少老人的错误行为。

(二)老年人应树立科学的信仰

农村老年人过度遵从于超自然信仰和传统的伦理信仰,缺少科学文化知识,对各种社会和自然现象缺少科学的理解。家庭成员为避免老人陷入邪教分子的迷惑之中,平时应该多向老人讲解科学文化知识,减少老人的错误认识。

（三）老年人的法制观念需要加强

老人缺少法律知识,甚至有的老人可以算是法盲。家庭成员应该引导老人多看法制节目,多讲解法律知识,让老人明白遵守法律的重要性,引导老人以法律为行动指导。

二、社会方面的预防措施

（一）促进老年人的再次就业

城市老人在退休之后会感到极大的不适应,许多农村老人在田地被征用之后也会陷入无所事事的困境。失去了工作目标成为社会闲散人员之后,有的老人将以前的不良生活习惯发挥到极致,如赌博成瘾,贪杯好色等,逐渐滑向犯罪的深渊。这些老人在体力和精力上还可以胜任一定的工作,如保安、快递员、环卫工人、保姆等。如果能够继续工作,就可以减少他们犯罪的机会。在日本和韩国,老人在60岁以后继续工作是常态。这些国家促进老人再就业的措施很值得借鉴。

（二）建设新型的农村环境,兴建农村新文化

因为农村老人犯罪在所有老年人犯罪中占有较大的比重,而农村老年人的犯罪行为跟农村落后的经济文化现状关系密切,因此建设新型的农村,发展科学文明的农村文化就是非常重要的预防老年人犯罪的措施。尽管政府已经采取了很多措施来发展农村新文化,但传统文化的糟粕仍然残留在某些农村老人的头脑中。这项工作是任重而道远的。

（三）增强老年人的社会保障,不要让老年人老了无所依靠

在城市里,从正式的企事业单位退休的老人一般有较好的社会保障,经济条件宽裕。那些从前没有钱交社保的城市老人以及农村的老人,就没有得到足够的社会保障。他们经济收入低下,家庭贫困;他们的子女往往也有巨大的经济压力,能提供的经济援助非常有限。因此这两类老人的晚年就特别的凄惨。这样的老人如果靠自己的劳作不能满足生活所需,犯罪就成为一种生存手段。如果政府能够解决所有老人的社会保障,自然能大大地减少犯罪率。不过由于我国的经济还处在发展阶段,老年人的数量又过于庞大,整个国家"未富先老",所以,想让所有老人的晚年生活都有充裕的社会保障,还需要全社会的长期努力。

第七章

暴力犯罪心理

第一节 暴力犯罪概述

一、暴力犯罪概念

暴力犯罪是指行为人使用暴力或者以暴力强制、威胁的手段做出的危害国家和公共安全以及危害公民生命、财产安全的犯罪行为。杀人、抢劫、强奸、伤害、爆炸、绑架等都属于暴力犯罪。暴力犯罪对社会危害极大,也是国家重点预防和治理的犯罪类型。

二、我国暴力犯罪的特征

(一)犯罪主体中,年轻人占多数

在许多国家和地区,青少年都是暴力犯罪的主要力量。青少年精力充沛,行动能力强,攻击性强,但情绪控制能力弱,容易在冲动下付诸武力。

(二)暴力犯罪存在一定的性别差异

暴力型罪犯中,男性居多。这与男性和女性在生理和心理上的差异有关。男性体力强,有能力使用武力制服他人。女性体力不占优势,在暴力活动中不易取得成功。在心理上,男性的支配欲、攻击性较强,而女性一般被认为是柔顺、温和的。不过近年来女性暴力犯罪呈现出上升的趋势。

(三)暴力犯罪人文化程度偏低

根据高忠丰的一项调查,在120名暴力犯罪者中,初中以下文化水平的人占93.3%[①]。文化程度低的个体在应激面前缺少有效的应对方式,更容易用暴力的方式解决问题;在认知上狭隘、偏激,看待问题更片面;在社会化方面,文化程度低的个体对社会规范的接受和自觉遵守不如文化程度高的个体。

(四)社会危害大

暴力犯罪一旦发生,就会对公共安全和公众心理造成极大的危害。当年甘蒙"8·05"系列强奸杀人案(又称白银系列凶杀案,因11件案子有10件发生在白银市,并且给白银市的人民群众带来了极大的恐慌)未侦破时,连续发生的多起命案让白银市陷入极大的恐慌,流言纷飞,女性不敢独自出门,不敢穿红色衣服(因为有传言凶手专杀红衣女性,这个说法已经被警方证实是谣言)。恐怖分子在公众场合刺杀人民群众,给无数家庭带来了巨大的伤痛,也给政府和群众带来了极大的压力。因此,暴力犯罪造成的有形和无形的社会危害极大。

[①] 高忠丰.暴力型罪犯改造对策的实证研究[D].苏州:苏州大学,2011.

三、暴力犯罪的影响因素

（一）社会文化因素

一般来说，在动荡不安、公共秩序紊乱的国家和地区，杀人越货等暴力犯罪发生的频率高。例如在拉美地区，恐怖主义和叛乱多发，抢劫、杀人等暴力犯罪一直很猖獗。因为历史、政治等多种原因，这些地区对民众行为缺乏有力的约束和控制，缺乏统一的行为规范，导致人们的行为失范。媒体上泛滥的暴力文化也是导致暴力犯罪发生的重要因素。电视、电影中的暴力情景易引起观众的效仿。在21世纪初的河南平舆县，一个叫黄勇的年轻人曾经制造过一系列杀人案，共17位青少年遇害。据黄勇自述，他自小迷恋暴力题材影视剧，幻想可以成为一名杀手。

（二）家庭因素

家庭功能缺损、家庭结构不全、父母抚养方式不当、父母的经济地位低下、家庭气氛不和谐等因素都是暴力犯罪的危险因子。陈琛（2013）的研究发现，主要抚养人经常更换、重大挫折、低社会支持和高冲动性是暴力犯罪的危险性因子[1]，这就预示着家庭生活不稳定、从家庭得到的支持少、生活坎坷、个性冲动的个体更容易出现暴力犯罪。蔡竟（2017）调查发现，青少年的暴力犯罪行为与其父母的收入、受教育水平、采取的教育方式以及家庭关系亲密度等环境变量显著相关。父亲月工资在2000～5000元的青少年言语攻击明显多于那些父亲月工资1万元以上的青少年，母亲月工资低于2000元的青少年在所有青少年中，表现出最强的暴力；在父母的教育方式方面，放任型或者溺爱型的教育方式下长大的青少年，暴力犯罪行为都显著多于民主型教育方式下成长的青少年；父母关系不和谐与青少年暴力犯罪行为中的愤怒情绪有密切的关系[2]。

（三）生理因素

暴力犯罪可能与神经递质的含量异常有关。五-羟色胺（5-HT）、多巴胺（Dopamine）、γ-氨基丁酸（GABA）被认为是与暴力犯罪关系密切的神经递质。国外一些研究发现，有纵火、酒后暴力行为、儿童期虐待动物等行为的个体，5-HT代谢水平通常低于正常水平；提高人的多巴胺功能会导致出现更多的攻击行为；γ-氨基丁酸（GABA）的浓度与个体的攻击史呈负相关[3]。激素水平也被认为是影响暴力行为的重要因素。对女性采取极端暴力手段实施性侵的男性的血清睾酮浓度高于其他性犯罪者以及普通人。肾上腺素和去甲肾上腺素既是激素又属于神经递质，许多研究发现，肾上腺素和去甲肾上腺素与暴力攻击行为关系密切。但神经生化方面的研究结果常常不恒定，有许多争议。可能神经递质和激素对暴力行为的影响要受其他因素的制约，因此导致研究结论不一致。此外，还有不少研究发现暴力行

---

[1] 陈琛.男性青少年罪犯的社会心理学特征及与5-HT相关基因多态性的关联研究[D].长沙：中南大学湘雅二医院，2013.
[2] 蔡竟.青少年暴力犯罪行为心理因素分析及其干预[D].湘潭：湖南科技大学，2017.
[3] 应柳华.暴力犯罪生理机制的研究[J].河南司法警官职业学院学报，2008(03).

为可能跟前额叶、颞叶、顶叶、海马、杏仁核等的功能异常有关。

（四）心理因素

有的暴力型罪犯可能具有人格障碍。反社会人格障碍与冲动型人格障碍患者容易出现暴力行为。人格障碍患者在出现暴力行为时有其独特的犯罪心理。反社会人格者没有道德感，会把杀人、袭击、虐待他人当成一种娱乐，对受害者的痛苦不仅不同情，反而幸灾乐祸。冲动型人格障碍患者，也称攻击型人格障碍患者，常因微小刺激而爆发剧烈情绪反应和冲动行为，并且不能自控。当个体因为受到刺激而情绪爆发时，容易出现暴力行为，但事后又常常后悔。即使罪犯还没有形成人格障碍，其暴力行为也与其人格的异常密切相关。毛旭（2011）研究发现，激情型暴力犯罪的罪犯在艾森克人格问卷的神经质、精神质和内外倾三个维度上的得分都显著地高于对照组，说明激情型暴力犯罪的罪犯存在有别于正常人的特殊的人格特质[1]。在认知方面，彭程（2012）通过实验发现，与非暴力型罪犯相比，暴力型罪犯对负性情绪刺激更敏感，并且暴力型罪犯自身具有攻击图式[2]。在这一研究中，暴力型罪犯更容易觉察到别人的不高兴的面孔，体验到负面的情绪，但他们又不善于观察对方情绪的变化，无暇顾及对方的恐惧，不会产生共情，于是就继续他们的攻击行为，对受害者产生严重伤害。

第二节　杀人犯罪

在物竞天择、适者生存的自然界，不同的物种之间弱肉强食，形成一个食物链。这是被人们认可的自然现象。为了竞争有限的生存资源，同一物种内部也会自相残杀。人与人之间的杀戮就贯穿于各个时代。随着人类社会契约的建立，个体之间的残杀行为要受到制度和规范的制约，不合法的杀人会受到惩罚。尽管如此，却总有人冒着被法律严惩的风险去剥夺他人的生命。

一、杀人犯罪概述

杀人犯罪是指一切故意以非法手段导致他人死亡的犯罪行为。它不仅包括了《中华人民共和国刑法》第232条规定的故意杀人罪，也包含了因故意纵火、抢劫、投放危险物质、绑架、非法拘禁及其他犯罪行为致人死亡的罪行。

二、杀人犯罪的类型

根据杀人动机的不同，可以把杀人犯罪分为以下类型。

（一）谋财型杀人犯罪

这类犯罪行为背后的动机主要是图财。犯罪人为了满足物质方面的需要，通过抢劫杀

---

[1] 毛旭.激情型暴力犯罪罪犯的人格特征与认知操作能力特点的研究[D].重庆：西南大学，2011.
[2] 彭程.暴力犯罪者对负性情绪信息与攻击性信息的注意偏向研究[D].重庆：西南大学，2012.

人、盗窃杀人等方式谋求对方的财物。在陈文昊(2016)的一项调查中,被随机抽取的200个杀人案件中,为财杀人的共78件,占39%,居第一位。谋财杀人与经济的发展密不可分。在经济水平低下的年代,人们容易为了争夺财物而杀人;在经济发达、贫富差距大、拜金主义思想泛滥的年代,人们也容易为了争夺财产而杀人。

(二)情欲型杀人犯罪

这类犯罪背后的动机主要是满足性欲或因情感问题引起纠纷而杀人,包括婚姻恋爱纠纷杀人案、强奸杀人案、性变态杀人案等。吴鹏森对上海市2002年至2012年公开的杀人案件做出分析,发现因情感纠纷引起的杀人案占25.4%[①]。婚恋中因分手、出轨等问题引发的纠葛、欲求不满会激起当事人极大的情绪反应,使之处于高度紧张状态,杀害对方是这种高度紧张引起的最惨烈的后果。有的个体具有强烈的满足性欲的要求,对性充满好奇和冲动,但当他们采取违背对方意愿、违背法律规范的方式去满足自己的性欲时就可能演变成强奸杀人犯罪。有的人具有变态的性欲满足方式,比如性虐待狂,通过折磨、虐待甚至残害受害者来满足自己的变态性欲。

(三)报复型杀人犯罪

这类犯罪人主要的犯罪动机是通过杀人来实现报复心理。有的罪犯是把报复行为直接指向与自己有过现实纠纷的人,通过杀害对方来宣泄仇恨。有的人是把报复行为指向与自己素不相识的人,即报复社会。例如有的校园杀手因为自己遭受同学欺负而怀恨在心,长大成人后他返回校园残杀那些与他毫无瓜葛的孩子。

(四)防御型杀人犯罪

这类杀人犯罪的动机主要是逃避或恐惧。比如有的人害怕自己的其他罪行泄露而对知情人杀人灭口;有的罪犯在逃避追捕的时候杀害警察等执法人员;有人的因为被虐待、被欺负,为了摆脱对方而杀人。

(五)政治型杀人犯罪

这类犯罪人的政治抱负和政治理想与政府或社会对立,他们为了实现自己的政治目标而杀人,如暗杀政敌,通过杀人制造恐怖气氛、造成政治影响等。

(六)遗弃型杀人犯罪

如果犯罪人是为了减轻负担、推卸责任,将自己负有责任和义务的对象(年老、年幼、患病或其他没有独立生活能力的人)以遗弃的方式达到杀害的目的,则构成了故意杀人罪。如父母故意将子女遗弃在荒无人烟、不能获救的地方导致其饿死。

(七)迷信型杀人犯罪

这类犯罪人受某种迷信思想的支配,为了达到长寿治病、得道升天等迷信目的而采取各

[①] 吴鹏森.杀人犯罪的实证分析——以上海近十年来的杀人犯罪案件为例[J].青少年犯罪问题,2013(06).

种手段致人死亡。

(八) 寻衅斗殴型杀人犯罪

这类犯罪人为了争强斗狠、称雄称霸或者争夺某种利益、势力范围等,在寻衅滋事、互相斗殴时致人死亡。这种犯罪行为常出现在那些具有黑社会性质的团伙中。

(九) 变态型杀人犯罪

变态型杀人犯罪是指为了满足某种变态的心理欲求而杀人的犯罪行为。当事人和受害者往往无仇无怨,凶手也不从杀人事件中获得直接的利益,看不出明显的犯罪动机,变态的心理需求是犯罪的主因。在震惊全国的"甘蒙'8·05'系列强奸杀人案"中,凶犯高某某虽然最初的犯罪动机是入室盗窃被发现后杀人灭口,但后来就演变成了不杀人就不舒服,为杀人而杀人,主要是为了满足其变态的性欲和嗜血的爱好,寻求刺激。凶手的变态心理是在犯案的过程中逐渐形成的。

(十) 激情型杀人犯罪

激情型杀人犯罪是指当事人在遭受强烈的外界刺激时,因愤怒等激烈情绪引起瞬间的自我控制能力失调而引发的杀人犯罪。这类杀人犯罪不同于预谋性杀人,当事人事先是没有预谋和计划的,受害者的不当言行等外部刺激是引起当事人犯罪的决定因素。当犯罪人情绪平静下来之后,一般会出现悔恨的情绪反应。

三、杀人犯罪心理

(一) 杀人犯罪的一般特征

1. 时间和地点

在杀人犯罪发生的时间问题上,国内的学者研究结果基本一致。郭建安在1997年指出,根据他们的研究,夏季发生的被害事件最多;吴鹏森在2013年对上海2002年至2012年的杀人犯罪案件进行了统计,发现杀人犯罪在各个季度的发生率均在22%以上,差别并不悬殊,其中发生率最高的是7~9月份,占28.9%[①]。上海的7~9月天气非常炎热,大部分时间属于夏季,与郭建安的统计结论基本一致。国外研究也发现被害案件多发生在夏季的晚间。在具体的时间段上,国内外的研究均发现杀人犯罪的高峰期是从傍晚到凌晨。1999年中国台湾的一项调查显示,杀人犯罪的时间以19:00—24:00最多[②];吴鹏森的研究表明杀人犯罪案发最多的是晚上8点,其次是晚上10点,再次是晚上7点、11点和凌晨1点。

杀人地点发生在家中的居多。吴鹏森的调查中,55.4%的凶杀案发生在私人家中。这与平常人们的认知有差别。人们大多认为家里是安全的地方,野外才是危险的地方。然而事实是相反的。不但杀人犯罪多发生在家里,而且发生在被害人家里的杀人犯罪所占比例最大(刘邦惠,2004)。

---

① 吴鹏森.杀人犯罪的实证分析——以上海近十年来的杀人犯罪案件为例[J].青少年犯罪问题,2013(06).
② 刘邦惠.犯罪心理学[M].2版.北京:法律出版社,2004.

2. 犯罪人与被害人的关系

杀人犯罪多发生在熟人之间。蔡雅奇对某省230起杀人犯罪进行分析,犯罪人与受害人完全不认识的仅有4起,占1.7%,其余的98.3%的杀人案件,犯罪人与受害者是互相认识的。其中属于邻里关系的占比最多,占34.3%;其次是配偶,占18.7%;排第三位的是家庭成员(兄弟姐妹、祖孙、儿媳与公婆、女婿与岳父母),占11.7%;恋爱对象(包括婚外恋对象)占8.7%。[①] 根据高维俭、查国防的一项调查,在400例故意杀人案中,发生在熟人间的占78.5%,发生在陌生人间的仅占21.5%。这些熟人关系中,情人关系最多,占22.6%,其次是夫妻关系,占22.0%,第三是朋友关系,占17.2%。在这项调查中,加害人中的男性远多于女性;被害人中的女性远多于男性[②]。可见在杀人犯罪中,有相当一部分是男人杀了自己熟悉的,甚至是有感情联系的女人。

(二)杀人犯的心理特征

杀人犯罪属于性质恶劣、后果极其严重的犯罪行为,绝大部分人不会出现此类行为。尽管杀人犯罪的动机各种各样,每个犯罪人都有自己的犯罪理由,但杀人犯罪始终是少数人的行为,这少数人应当具有一些特殊的心理特征。

1. 犯罪动机复杂多样

动机在杀人犯罪中起着重要的作用,它涉及犯罪行为的起因,并对维持和推动杀人犯罪的过程、选择犯罪手段等起重要的作用。杀人犯罪的动机是复杂多变的,往往有主导动机,还有附属动机。一个主要为了图财的杀人犯罪背后可能还隐藏了对受害者的嫉妒、报复等附属的动机。在犯罪的过程中,随着犯罪现场新情况的出现,犯罪动机有可能出现转变。例如一个小偷本来只是想入室盗窃,被女主人发现后欲杀人灭口,看女主人长得漂亮又意图强奸,又因为受害者激烈反抗激起了小偷的报复心理,对受害者的尸体进行了残酷的破坏。这个杀人犯罪行为背后就有图财、发泄性欲、报复等多种动机。

2. 人格特征

杀人犯罪是一种极端的破坏性的行为,它会受到法律的严惩,一般需要犯罪人付出生命的代价。在这种代价之下,犯罪人依然实施了犯罪行为,这反映了犯罪人的人格是不完善的,至少在控制性这一方面是有缺陷的。有国外学者的研究发现,高度攻击者具有低度控制和过度控制两种人格特征。低度控制者难以抑制自己的攻击行为,容易在被激怒或者遭受挫折时付诸暴力行为;过度控制者对挫折的容忍力高,能经得起一般的挑衅,遵守社会规范,做个"老实人",但当刺激超过其容忍度时,过度控制者可能比低度控制者的暴力反应更强。国内有学者发现在青少年故意杀人犯罪中,黏液质的犯罪人所占比例最高,其次是胆汁质[③]。黏液质的人做事沉着冷静,内向克制,容易将情绪压抑在心底,属于过度控制者;胆汁质的人暴躁易怒,不善于控制情绪,属于低度控制者。

3. 情绪特征

不管犯罪人平时的自控能力如何,在出现杀人行为时都有情绪失控的表现。愤怒、敌

---

① 蔡雅奇.论故意杀人罪中被害人与犯罪人的互动关系[J].河南警察学院学报,2014(05).
② 高维俭,查国防.故意杀人案件中加害人与被害人关系的实证分析[J].中国人民公安大学学报(社会科学版),2006(02).
③ 刘邦惠.犯罪心理学[M].2版.北京:法律出版社,2004.

意、嫉妒、仇恨等不良情绪的长期累积容易导致极端行为。例如有的犯罪人长期夫妻关系不和,由于种种现实的原因不敢发作,就转而杀害其他女性泄愤。在激情状态下的杀人行为更是愤怒等负面情绪爆发的结果。

四、连环杀手

在不同案件中,同一个罪犯将多个受害者杀死,这样的犯罪人被称为连环杀手。这些不同的案件之间,通常有一个时间间隔,这个时间间隔被称为"冷却期"。冷却期长短不等,可能是一两天,也可能是几个月。泰德·邦迪、"开膛手"杰克、"绿河杀手"加里·里奇韦都是举世闻名的连环杀手。中国的连环杀手中,较为知名的有林过云、杨新海、赵志红,以及"甘蒙'8·05'系列强奸杀人案"的凶手高某某。马加爵杀死4名同学,但都属于同一案件,故不符合连环杀手定义。

 专栏

雨夜"屠夫"

林过云,出生于1955年,是香港著名的连环杀手,自称"雨夜屠夫",是多部港产恐怖片的原型。林过云的童年十分悲惨。他的父母感情不睦,父亲另有侍妾,并与侍妾生了多名子女,经常对林过云母子家暴。儿时的林过云因为弄丢了妹妹的小物件而被父亲殴打并长跪数小时。林过云智力条件不错,中学时成绩不俗。13岁时,父亲的小妾声称林过云偷看妹妹洗澡,林过云被父亲抓住头发撞向墙壁十几下,直至昏迷过去。此后林过云举动反常,对同学声称上帝通过"特别管道"与他联络,并选取他做使者,"替天行道"。1973年,林过云在一个公厕附近持刀恐吓一位少女,被警方抓获。林过云对警方表示自己没有恶意,只是想"研究一下"。精神科医生认为林过云有精神病,判入精神病院治疗。1982年,任职出租车司机的林过云在雨夜杀害了一名舞女,他将自己的犯罪行为归为"上帝的指示"。之后,林过云又陆续杀害了3名女子。因其犯罪行为多发生在雨夜中,故而林过云自称"雨夜屠夫"。他将受害者的尸体带回家,拍照录影,然后肢解抛尸。林过云将死者尸体的底片拿到冲晒店冲洗,店员发现可疑,遂报警。于是"雨夜屠夫"落网,被判死刑,并于1984年改判终身监禁。

(一)连环杀手的类型

霍姆斯和德伯格在他们的著作《系列杀人》中将连环杀手分为四种类型[①]。

1. 幻觉型

这类杀手一般有幻觉,声称自己的犯罪行为是被自己听到的某种声音所要求,或是根据幻觉形象进行的。这类杀人犯一般会被鉴定为具有精神疾病。

2. 使命型

这类连环杀手坚信自己身负某种使命,要消灭某种人类,比如老人、儿童、妓女或是某个少数族群。

---

① 吴宗宪.国外系列杀人案件研究概述[J].江西公安专科学校学报,2001(03).

3. 享乐型

这类犯罪人从杀人行为中获得乐趣。有的是通过从受害者那里获得金钱得到满足,有的是通过性侵、性虐待受害者得到色情的满足,有的兼具两种动机。

4. 力量-控制型,或称权力型

这类犯罪人的主要动机是通过控制并杀死对方获得权力欲、控制欲的满足。

(二) 连环杀手的特征

1. 部分连环杀手的童年有不幸的经历

部分凶手报告自己在童年时有过不愉快的经历,如私生子身份、遭受虐待、性虐待等。但连环杀手中也有一些人的童年看上去很正常,找不到异常的状况;同时,童年遭受严重虐待的人也不是人人都变成了罪犯,只有一小部分人变成了暴力犯罪人。遭受虐待会对人成年后的暴力行为有严重影响,但不是唯一的影响因素。

2. 凶手以男性居多,且女性杀手与男性杀手在行为特征上有明显的差异

国内外公开报道的那些臭名昭著的连环杀手大多是男性。但女性的连环杀手也是存在的。美国"第一个真正的女性系列杀人犯"艾琳·沃诺斯,利用在公路上搭免费车的方式先后杀死了7名男子;"魔鬼护士"吉妮·琼斯涉嫌谋杀婴幼儿多达60名。男性杀手与女性杀手在犯罪行为上有一些差异。希基(1991)对169名美国连环杀手的研究发现,男性的平均年龄是28.5岁,而女性的平均年龄是32岁;超过一半的男性杀手的犯罪动机中有性的成分,超过一半的女性杀手的犯罪动机是图财;超过一半的女性杀手使用毒药谋杀受害者,比起男性杀手,女性杀手更少使用暴力的犯罪方式。

3. 多在青年期开始犯罪行为

宋胜尊、李向玉对30例残害女性的系列凶杀案的凶手做了统计,发现犯罪人开始系列杀人的年龄,20～29岁和30～39岁这两个年龄段占了86%的高比例。20岁以下的年轻人经验少,一旦犯罪,容易被发现,不具备成为连环杀手的能力;40岁以上的中年人和老年人体力衰退,并且生活较为稳定,人格也早已定型,除非有极端事件发生,一般不会在中年以后突然变成连环杀人犯。20～39岁的年轻人体能和智能都在高峰期,事业和家庭都处于建设期,应激事件多,容易在生活压力下发生恶性犯罪行为。"甘蒙'8·05'系列强奸杀人案"的凶手高某某就是在24岁时,家庭负担重且妻子怀孕期间发生了第一次杀人事件。"微笑杀手"赵志红也是在24岁婚后不久开始了盗窃、强奸、杀人犯罪行为。

4. 系列凶杀案的受害者多为陌生的女性

系列凶杀案多为男性对女性的杀戮,且男性杀手更偏爱对素不相识的女性下手。少数男性会以男性和儿童为侵害对象,这类男性杀手多为同性恋者和恋童癖患者。河南平舆县"智能木马杀人案"的黄勇是个例外,他以男性青少年为侵害对象,但他并没有显示出同性恋的倾向。选择男性为侵害对象的原因是他幻想成为杀手,但杀害女性不是英雄所为。

5. 喜欢看色情录像或色情书刊

对受害者有性侵行为的连环杀手一般有浏览色情材料的习惯。这类凶手一般具有性变态心理,其性欲无法得到满足,就会对色情的材料充满兴趣。林过云曾被家人发现有收藏色情杂志的恶习,泰德·邦迪小时候就对色情杂志表现出了强烈的兴趣。有的凶手即使结了婚,有正常的婚姻生活,其变态性欲无法通过正常的夫妻生活得到满足,仍然会沉迷于色情

录像或色情书刊。

6. 在婚姻状况上，独身或已婚的都有

以往曾有人通过有限的案例得出"连环杀手多是独居的孤家寡人"的判断。事实上，众多曝光的连环杀手中，确实有不少是单身者，但已婚的也不稀奇，尤其在中国。在甘蒙"8·05"系列强奸杀人案破获之前，有人根据国外学者的经验推测凶手应该是独居的单身人士，但真凶高某某落网后，大家发现他不但已婚，还有两个孩子，平时过着看似正常的婚姻生活。山西阳泉系列杀人案的杨树明，也是有妻女的人。

7. 性格内向

在宋胜尊的调查中，系列杀人案的凶手大部分都是性格内向的人，看上去比较老实，一般人不会把他们和杀人犯联系在一起。杨新海、杨树明、黄勇等全国闻名的连环杀手都是内向型的人，案发后其邻居朋友简直不敢相信他们能做出那么多伤天害理的事情。

8. 人格具有双重性

连环杀手一般过着双重的生活。在熟人面前他们是老实本分的人，在陌生人面前他们凶残嗜血、冷酷无情。"微笑杀手"赵志红在生活中与人为善，从不与人发生冲突，在女友的眼里他是个有理想、有志向的好人，但他在作案时却是个极度冷酷、连12岁小女孩都不会放过的禽兽。

9. 作案持续时间长

如果犯罪人的行为没有被及时发现并制止，他们就会持续作案很长时间，有的长达十余年。凶手会在每次杀人后出现一个"冷却期"，变态心理得到暂时的满足，过了这个平静的冷却阶段，凶手又会出现杀人的冲动。一个连环杀手如果停止了犯案，一般是有巨大的外力阻止他继续犯案（例如坐牢、死亡等），或者是心理疾病得到了缓解。甘蒙"8·05"系列强奸杀人案的凶犯高某某，从1988年到2002年的14年作案11起，2002年之后就停止了犯罪。据凶手自己供述，停止犯罪是因为：一是年纪大了，体力不如从前，渐渐对受害者的反抗难以控制；二是孩子大了，需要他去打工挣钱供孩子读书。因为家庭的缘故，凶手找到了生活的目标，与社会重新建立了关系，尤其在两个孩子大学毕业之后，家庭经济条件的改善和社会地位的提高有效抑制了他的反社会行为。

10. 多数伴有性侵和性幻想

女性连环杀手一般不伴有性侵，但男性连环杀手在屠杀女性时往往有性侵或猥亵行为。凶手通过对女性的强奸、猥亵来宣泄攻击欲望，也通过杀戮、虐待等暴力行为来宣泄变态的性欲。

11. 有独特的犯罪方式

几乎每个连环杀手都有自己签名式的独特的犯罪方式。在侵害对象上，他们大多钟情于同种类型的受害者，有的以儿童为侵害对象，有的只杀年轻女子，"绿河杀手"主要以妓女为杀害对象。在作案手段上，有的专门用刀，有的喜欢用勒死的方式，有的擅长偷袭，有的擅长诱骗。连环杀手多有残害尸体的行为，如肢解、抛尸等。

（三）连环杀手的成因

不管有没有明显的精神问题，这些杀手的内心世界都是异常的，否则不会连续犯下滔天罪行。有的人被幻觉支配，有的人通过犯罪实现性幻想，有的人沉迷于权力和地位，通过杀死对方实现终极占有。他们缘何如此？目前尚且没有一个模式能成功地解释所有连环杀手的形成机制。早年成长环境不良、大脑功能的失调等因素都可能会造就连环杀手。

1. 不良的成长环境

在所有可能的影响因素中，早期不良的成长环境特别重要。这种不良环境包括：家庭破碎或家庭教育异常、家境极度贫寒、家庭暴力等。家庭破碎或家庭教育异常会影响儿童的社会化。著名电影《沉默的羔羊》中野牛比尔的原型是艾德·盖恩。他和哥哥跟着母亲生活在一个偏僻的独立屋内，从不与人交往，母亲的占有欲、控制欲极强，致使艾德·盖恩没有得到正常的社会化，完全不懂人情世故。等到母亲和哥哥去世后，艾德·盖恩就出现了异常的行为。为了满足对女性的欲望，他去坟墓中挖掘女尸，把女尸剥皮并制成人偶，后来更演变成杀死活人。艾德·盖恩的悲剧是他根本不知道自己的行为是异常的，因为他从来没有经历过正常的生活。在精神病院中，艾德·盖恩经过改造，变成了一个正常的老人。极度贫寒的家境也容易滋生犯罪行为。杨新海早年学习成绩优秀，但因为家庭过度贫困不得不辍学，又因缺少谋生技能只能去打工，在打工的过程中遭到克扣工钱等不公正待遇，慢慢走上了犯罪的道路。我国著名的连环杀手几乎都出生在贫寒的家庭环境中，如董文语、赵志红、黄勇、周克华、龙治民等。另外，童年时遭受严重的家庭暴力或虐待也是一个非常危险的因素。许多连环杀手在童年时遭受严重虐待或被抛弃，这种经历会让儿童有深深的无力感，进而沉迷于权力和地位。这样的儿童如果能成为富翁、有权势的名人，或许可以平安一生。但那些在现实中没有获得控制感的失败者，则可能通过犯罪的方式实现梦想。

2. 大脑受伤

美国的犯罪学家米歇尔·斯通表示，大约有30%的连环杀手经历过各种各样的严重的大脑损伤。美国的连环杀手理查德·斯达雷出生于富有家庭，成长背景良好，但他在11岁时从高处摔下，导致他出现过两次严重昏迷，之后就性情大变，结婚生女后杀害了10名女性。后来经过检查发现，凶手的大脑前额叶皮层已经受到损伤。美国另一位犯罪学家阿德里安·雷恩对监狱中的杀人犯、暴力狂、心理变态者以及反社会人格障碍者进行过大脑影像学的扫描，发现他们的大脑具有功能和结构上的损伤，导致他们不怕惩罚，没有正常的道德判断，也无法对别人的遭遇产生共情，因此冷血无情[1]。

虽然我们可以找到一些与系列杀人行为相关的风险因素，但每个人的先天特质、后天成长经历都是独特的，各种因素交织在一起才造就了凶手的独特行为。因此每个连环杀手的心理背景都是不一样的。目前尚没有发现一种统一的机制可以解释所有连环杀手的成因。

第三节　家庭暴力

人民网2016年发布过这样一组数据，全世界有60%～70%的女性遭受过亲密关系者的虐待；中国2.7亿个家庭约25%存在家庭暴力，其中90%的受害者是女性；中国每年有15.7万名女性自杀，其中60%是因为家庭暴力导致；受家暴女性最短遭受3年家暴后才会报警，

---

[1] 阿碧.连环杀手[J].检查风云，2012(18).

最长已遭受 40 年;中国受家暴女性平均在被虐待 35 次后才会报警;中国平均每 7.4 秒就有 1 位女性遭受丈夫殴打;中国家暴致死占女性他杀死因的 40% 以上①。家庭暴力,像一头躲在暗处的猛兽,啃噬着女性的生命与健康。

一、家庭暴力概述

家庭暴力简称家暴,是指发生在家庭成员之间或非婚同居的亲密伴侣之间的,以殴打、捆绑、禁闭、残害或者其他手段对家庭成员或亲密伴侣从身体、精神、性等方面进行伤害和摧残的行为。家庭暴力表现形式中,言语辱骂是最常出现的,其次是徒手殴打、损毁家具物件、持械殴打等。与其他暴力行为相比,家庭暴力具有独特性。

一是主体特定。家庭暴力发生在家庭成员之间,或发生在有稳定感情关系的同居情侣之间,施暴者和受害者之间有许多责任和义务。

二是隐蔽性。许多施暴者只在家里有暴力行为,在外可能表现正常,受害者如果秉承"家丑不可外扬"的原则息事宁人、默默忍受,那么家暴行为可能长期不被外人知晓。

三是后果不确定。有的家庭暴力给受害者带来持久的精神伤害,有的造成身体上的轻伤或者重伤,有的甚至会致人死亡。

 专栏

家庭暴力,家事还是刑事?

董珊珊,女,北京人,2009 年 10 月 19 日,26 岁的她因遭受丈夫王光宇严重家庭暴力而死亡。董珊珊与丈夫王光宇于 2008 年下半年结婚。婚后董珊珊就经常遭到丈夫的毒打,并被威胁不许报警、不许告诉家人和朋友、不许离婚。2009 年 3 月 28 日,对丈夫的毒打忍无可忍的董珊珊离家出走。几天后她第一次向家人和警察披露自己婚后经常遭到家暴的事实。从这时到她死亡,短短几个月,董珊珊及家人曾先后 8 次就王光宇的暴力行为向警方报警,并提起过离婚诉讼。董珊珊的朋友及父母透露,董珊珊不仅长期被殴打,还曾被王光宇逼迫夜晚脱光衣服趴在客厅无窗帘遮挡的落地窗上,用强光照着,长达 2 个小时,让其倍受侮辱。但 8 次报警并没有让王光宇受到应有的惩罚,也没有挽救董珊珊的生命。董珊珊的母亲称,每次报警得到的回复大致都是"合法夫妻,不好管"。

2009 年 8 月 5 日,王光宇对董珊珊实施了最后一次残酷而致命的殴打:"用拳头打她,用脚踢她,从卧室门口,一直踢到床上,哪都打,哪都踢,直到她倒在床上为止,也不知道踢了她多少脚。"最终董珊珊于 8 月 11 日逃出,8 月 14 日住院治疗,10 月 19 日多脏器功能衰竭去世。2010 年 7 月 2 日,北京市朝阳区人民法院对董珊珊一案做出了一审判决:王光宇犯虐待罪,被判处有期徒刑 6 年 6 个月,并赔偿死者家属医疗费、丧葬费、死亡赔偿金等共计 81 万元。判决结果引起了民众的广泛讨论,人们普遍认为判决结果太轻,王光宇的行为之恶劣已经远远超过一般的家庭暴力,而是与故意杀人无异。

2014 年 7 月的一天,北京某法律咨询服务中心接到一个 23 岁姑娘的求助电话。姑娘

---

① http://society.people.com.cn/n1/2016/1125/c1008-28897100.html.

哭着称自己遭到了严重的家庭暴力。服务中心工作人员发现女孩口中所说的打人丈夫竟是王光宇。原来王光宇已经在2014年年初被提前释放，之后与这位女孩相恋并结婚。与董珊珊一样，这位女孩也遭到了王光宇的暴力对待，女孩一提离婚，王光宇就扬言要杀她全家。

二、家庭暴力中施暴者的特征

有家庭暴力的人是什么样的？邹韶红、张亚林等(2010)调查发现，有家庭暴力的夫妻中，施暴者以丈夫居多，占81.3%，妻子只占18.7%，差别很悬殊。有夫妻暴力的家庭中，31~40岁的人数最多，占37.5%；家庭暴力的施暴者的受教育程度、经济收入低于没有家庭暴力的对照组；施暴者的经济收入高于受虐者；施暴者多生活在家长制（一个人说了算，全家人服从）和自由制（家庭成员互相不限制，各行其是）的家庭，而没有家庭暴力的对照组多生活在民主制（民主协商，达成共识）的家庭中。另外研究还发现施暴者中待业下岗和赌博的比例比没有家庭暴力的对照组要高。①这项研究提示我们，文化程度低、经济收入低、配偶收入更低、家庭不民主、下岗、赌博的青壮年男性更容易出现家暴妻子的行为。

曹玉萍等人(2008)在对318名家庭暴力施暴者和306名受虐者进行调查的研究中发现，重组家庭的躯体暴力发生率较高，这大约与重组家庭人际关系复杂有关；施暴者的施暴形式与性别无关，这个结果有点出乎人们的意料，因为人们的刻板印象通常认为男人爱打人，女人爱骂人，实际上在家暴群体中倒没有这个差别；文化程度较低的施暴者言语辱骂的发生率明显高于文化程度较高者，这又颠覆了人们的印象，人们一般会认为文化程度高的人擅长语言攻击，实际上文化程度低的人才更爱骂人；文化程度较低的男性遭受持械殴打者较多，这也与人们的预期不符，许多人会以为文化程度低的人更爱持械打人而不是被人持械殴打，事实却相反。②

黄国平、张亚林等人(2007)发现，与对照组相比，施暴者的受教育程度更低，有更多无业游民，家庭成员中有更多的赌博、残疾、精神病者，这预示着施暴者的经济压力更大。同时，施暴者有更多的身心症状，对人际关系敏感，得到的主观社会支持更少，经历的生活事件更多，更认同用家庭暴力来解决家庭问题③。这项研究说明施暴者不会处理人际关系，不擅长情感交流，不会应对压力事件，所以把家暴当成解决家庭问题的方法。

但是对于家庭暴力的研究，会因为年代的变化、样本和研究工具的不同、对家庭暴力的界定不同而使各个研究的结果出现不一致。崔轶、洪炜等人(2012)对7个省市的家庭暴力情况做了调查，发现男性和女性的施暴、受暴情况差异并不十分明显，甚至女性在精神暴力的忽视和控制方面比男性的施暴情况更严重④。

三、家庭暴力对儿童心理健康的影响

家庭暴力对儿童的心理健康有不利影响。长期生活在父母的暴力冲突中，儿童会对人

---

① 邹韶红,张亚林,张勇,等.夫妻暴力社会人口学及社会文化因素的研究[J].中国临床心理学杂志,2010(03).
② 曹玉萍,张亚林,杨世昌,等.家庭暴力的表现形式及其相关因素的比较研究[J].中国临床心理学杂志,2008(01).
③ 黄国平,张亚林,曹玉萍,等.家庭暴力施暴行为与生活事件、社会支持和施暴态度的关系[J].中国心理卫生杂志,2007(12).
④ 崔轶,洪炜,苏英,等.七省市家庭暴力现状调查及影响因素报告[J].中国临床心理学杂志,2012(03).

际关系失去信任,也难以获得正确的人际交往的技巧,进而影响其社会化程度。这样的儿童孤独、冷漠,与人缺少交流。夫妻之间有家庭暴力的家长,在教育孩子时往往也采用暴力的方式。毛金柱(2008)研究发现,家长越是对子女实施家庭暴力,子女越容易出现情绪性问题行为。如果家长对子女采取躯体上的暴力行为,则子女易出现攻击性的行为;若家长对子女采用精神暴力形式,子女易出现抑郁焦虑的情绪[①]。李芷若、张凡等人(2007)研究发现,家庭暴力与中学生心理素质呈负相关,其中冷暴力对中学生的心理素质预测力更强[②]。家庭冷暴力更具有隐匿性,往往不为人注意,但它的伤害性却很强。

四、家庭暴力的代际传递

家庭暴力的代际传递,是指成长在家庭暴力中的儿童,长大后自己也变成家庭暴力施暴者的现象。早年遭受父母虐待或者目睹父母之间的暴力冲突,给儿童带来了巨大的精神伤害,也让他们潜移默化地习得了这种行为模式。当他们长大之后,在应对家庭问题时,他们就自动地使用暴力的方式来解决。

柳娜(2011)研究发现,早年有创伤经历和受虐经历的个体易形成边缘型人格障碍,长大后容易出现严重的躯体施暴行为;目睹家庭暴力的个体容易形成反社会型人格障碍,进而部分地影响个体长大后出现的严重躯体施暴行为;早年有创伤经历及遭受虐待的个体容易形成反社会型人格障碍,进而使个体长大后出现严重的躯体施暴行为。这充分说明了家庭暴力具有代际传递现象。[③]

柳娜、陈琛等人(2015)的另一项研究报告指出,如果个体在儿童期目睹家庭暴力,成年后更容易成为严重躯体施暴者,儿童期经历家庭暴力却不一定成为严重躯体施暴者。由此可见目睹父母的家庭暴力行为会给儿童带来长期的负面影响。美国心理学会甚至把目睹家庭暴力作为虐待儿童的一种形式,认为目睹家庭暴力会对儿童的心理、躯体、社会情感以及行为问题造成直接而深刻的影响,并且这种影响会长期持续下去,尤其是目睹家庭暴力的男童,成年后容易出现暴力行为[④]。从家庭暴力的代际传递现象可以看出,杜绝家庭暴力,要从预防入手,不要让儿童生活在父母暴力的阴影之下,尤其是不要目睹父母的家暴行为。

[①] 毛金柱.家庭暴力对初中生情绪性问题行为的影响研究[D].重庆:西南大学,2008.
[②] 李芷若,张凡,何先友,等.家庭暴力与中学生心理素质的相关研究[J].心理发展与教育,2007(01).
[③] 柳娜.家庭暴力中严重躯体施暴行为的代际传袭:从心理—社会—精神病理—遗传学角度探讨[D].长沙:中南大学,2011.
[④] 柳娜,陈琛,曹玉萍,等.家庭暴力严重躯体施暴行为的代际传递——目睹家庭暴力[J].中国临床心理学杂志,2015(01).

第八章

性犯罪心理

第一节　性犯罪概述

一、性犯罪概念

性犯罪是指人在性本能的驱使下或在反社会意识的支配下,为满足性欲而对异性或同性故意采取的侵犯他人性的权利,妨害、破坏社会秩序和社会人际关系的性交或非性交性行为。性犯罪主要包括强奸罪,奸淫幼女罪,强制猥亵、侮辱妇女罪,强迫卖淫罪,猥亵儿童罪,聚众淫乱罪,组织卖淫罪,引诱、容留、介绍卖淫罪,组织淫秽表演罪等。性犯罪会给受害者的身心健康带来巨大的影响,也会扰乱社会治安,是需要严格管控的犯罪行为。

不同国家或地区的法律对性犯罪的界定存在一定的差异。我国在2015年之前,男性包括男童在遭到性侵时,加害者不能被认定为强奸罪,也不能被认定为强制猥亵罪;2015年之后,刑法做了修订,性侵男性的犯罪人可以被认定为强制猥亵罪,但仍然不能被认定为强奸罪。2012年在美国,男性也被列为强奸犯罪的受害人。

二、性犯罪者的特征

（一）重复犯罪率高

国外多个研究发现性犯罪的重复犯罪率较高。Hanson等人(2004)回顾了相加样本为31000个性犯罪人的95项研究,发现5年后性犯罪的重犯率约为13.7%,7年后累计重犯率达到28%,随着跟踪时间的延长,性犯罪人的重犯率显著提高,没有接受心理治疗的性犯罪人比接受认知行为治疗的性犯罪人的重犯率(17% VS 10%)明显要高[1]。另外英国、挪威等国家的一些对性犯罪的追踪研究也得出了类似的结论[2]。

性犯罪重复犯罪率高是有原因的。一是某些性犯罪者本身具有性变态心理,如果其变态心理没有得到矫正,仅靠法律的惩罚,犯罪人是难以控制其变态的性欲冲动的。如恋童癖、露阴癖、摩擦癖和窥阴癖等患者的重复犯罪率都是很高的。第二个原因是受害者的沉默。很多受到性侵害的个体感到羞耻,惧怕事情曝光后的"二次伤害",宁愿息事宁人、忍气吞声,也不愿意报警,甚至不愿意对任何人提起。这就纵容了犯罪人的行为,既没有受到法律惩罚也没有接受心理治疗,使得他们有恃无恐,在第一次犯罪得逞后,很容易再进行下次犯罪行为。受害者的沉默还造成了另一个负面的后果,就是性犯罪黑数的产生:实质上已经发生,但没有纳入官方犯罪统计的性犯罪案件。

（二）智力水平较低

与其他犯罪类型的犯罪人相比,性犯罪人的智力是比较低的。司法鉴定科学研究院罪犯心理研究课题组(1992)曾经使用瑞文推理测验对北京第一监狱的550名男性罪犯做出测

---

[1] 刘旭刚,迟希新,徐杏元.国外性犯罪人重新犯罪的风险因素及其评估工具[J].中国性科学,2011(10).
[2] 刘邦惠.犯罪心理学[M].2版.北京:科学出版社,2004.

量,发现这些罪犯的智力水平也呈现出正态分布,不过他们的智力不是以中等水平为中心,而是以中下水平为中心,其中流氓、强奸犯智力最低。罪犯智力较低意味着他们不擅长用合法、合理的方式满足性的需求,难以控制本能冲动。

在少数可以认定为精神发育迟滞的性犯罪者中,以轻度智力落后为主。这类人有行动能力,但辨别能力差,容易受到欺骗和煽动,行为有极大的冲动性。重度和极重度智力落后的个体一般生活不能自理,离不开家人的照顾,认知能力低下,没有能力发生性犯罪行为。

(三) 未婚青少年居多

青少年犯罪是我国刑事犯罪的重要组成部分,其中青少年性犯罪又占青少年犯罪的30%左右。这些性犯罪的青少年中,未婚者远多于已婚者,受教育程度低者多于受教育程度高者,并且许多青少年性犯罪呈团伙性和暴力性。

(四) 心理异常程度不等

在性犯罪者中,有心理异常者也有心理正常者。心理正常的性犯罪人具有正常的认知能力,智力正常,各项心理指标无明显异常,他们的犯罪行为往往受不良的社会风气、错误的价值观念的影响,如纵情享乐、不尊重女性等。心理异常的性犯罪人可能受某些异常心理的支配,如精神病人的幻觉、妄想等,进而出现性犯罪行为。有的性犯罪人具有性变态心理,如露阴癖、恋童癖等,这些异常的性心理活动难以自控时就容易出现性犯罪行为。还有一部分性犯罪者既具有异常的性心理倾向,也具有其他的心理异常。总之性犯罪和心理异常不能完全画等号。

三、性犯罪的原因

(一) 儿童、青少年性教育缺失

因为营养充足,如今的青少年普遍发育较早。伴随着身体发育出现的是他们旺盛的性需求和对性的好奇心。但很多家长的家庭教育却没有给性教育一席之地,有的家长以孩子还小为由推迟性教育,或者一直漠视、忽视性教育;学校教育中性教育的推行更是困难重重。性教育的缺失致使青少年对性问题缺少系统的、科学的认识,在面对自己的性需求时不知道怎样正确处理。有些青少年在满足好奇心、寻求性满足的时候就不知不觉地走上了犯罪的道路。

幼儿性教育的缺失会导致儿童缺少自我保护意识,遭到猥亵和性侵害,给幼小的身体和心灵带来极大的创伤。

(二) 色情文化与性犯罪

许多学者认为性犯罪尤其是青少年性犯罪的问题,与色情文化的泛滥密不可分。在一些青少年性犯罪研究中可以看出接触色情文化产品对他们犯罪行为的刺激作用。刘学书、吴音等人在1992年5月对188名性犯罪少年做了调查,发现有166人受到过黄色书刊和黄色电影的影响①。色情文化具有腐蚀性。它宣传骄奢淫逸的生活方式,把追求感官刺激作为性行为的目的,漠视性行为背后的责任和情感因素,使人形成腐朽的人生观和价值观。青少年辨别能力不够,科学的人生观和价值观尚未形成或者尚未稳定,最容易受到色情文化的影响。因此色情文化产品的传播要受到严格的管制。

性犯罪是受多种因素影响的。尽管许多性犯罪者自述受到色情文化的影响,但色情文化与性犯罪之间的关系并不简单。美国的色情管制较为严格,但美国暴力强奸案的发生率却很高,一直远高于其他发达国家,甚至远高于丹麦、瑞典等色情管制较低的国家。日本的色情文化举世闻名,但日本的性犯罪率却低于其他发达国家。到目前为止,还没有一项特别权威的研究可以证明色情文化一定可以助长性犯罪,同样也没有一项权威的研究可以证明色情文化不能助长性犯罪。在色情文化和性犯罪之间可能还有其他的变量在起调节作用。有学者认为色情作品能否导致性侵是由两个方面决定的:色情作品的类型和犯罪人原有的性格特征。② 如果是"情色作品"(描写男女双方自愿的、愉悦的、非暴力的、体面的性行为的材料),则未必促进性犯罪的发生。如果是涉及暴力、侮辱等恶劣行为的"色情作品",则可能会促进性犯罪的发生,尤其是当色情作品中被攻击的女性并没有特别痛苦甚至对男性的攻击表现出接受和享受的时候。如果色情电影中被侵害的女性表现出极大的痛苦并对强奸非常憎恨,观众被唤醒的攻击性会减少。但是,如果犯罪人的性格特征中原本就具有愤怒、攻击的特质,那么他们很容易在色情作品的刺激下表现出攻击行为。即使色情电影中被害的女性表现出极大的痛苦,这种痛苦反而会增强原本具备愤怒、攻击特质的观看者已经被唤起的攻击行为。相反,原本没有愤怒和攻击性的男性在看到女性受虐的场景时,是不太可能会出现攻击女性的行为的。

(三) 部分性犯罪人的犯罪行为受到其性心理障碍或性功能失调的影响

人类在性方面的障碍可以分为两大类:性心理障碍和性功能失调。性心理障碍又称性变态,主要涉及性别认同障碍和性欲倒错障碍。性欲倒错障碍主要有恋物癖、异装癖、性施虐癖、性受虐癖、露阴癖、窥阴癖、摩擦癖、恋童癖等。性功能失调指个体在性行为各个阶段上的机能紊乱现象。在性心理障碍中,性欲倒错障碍者满足性欲的方式及性欲指向的对象与众不同,其性行为有时会给他人带来伤害或困扰。尽管现代社会已经对一些不伤害他人的性欲倒错(如异装癖)持宽容态度,但一些会给他人带来严重伤害的性欲倒错障碍还是会受到人们的强烈反对和法律的制裁,如恋童癖。恋物癖如果仅仅是使用合法的手段收集一些能让其产生性唤起的合法物品,则不应受到谴责,也不会触犯法律。露阴癖、窥阴癖、摩擦癖涉及公众道德,亦会给他人带来一定程度的困扰和伤害,会受到社会的严厉惩罚。性施虐癖和性受虐癖如果结合在一起,从事自愿的施虐和受虐行为,在没有带来严重伤害的前提下不应受到惩罚。一旦性施虐者做出了违背他人意愿的施虐行为,甚至将人虐待致死,这就是严重的犯罪行为。性功能失调与性犯罪之间没有必然联系,但少数性功能失调患者可能会因为无法与异性完成性行为,转而向幼童或其他无行为能力者做出猥亵行为。需要注意的是,性心理障碍及性功能失调仅仅是个别性犯罪人出现犯罪行为的影响因素,人在性方面的

---

① 刘学书,吴音,周维康,等. 对188例少年性犯罪调查报告[J]. 皮肤病与性病,1995(02).
② Curt R. Bartol, Anne M. Bartol. 犯罪心理学[M]. 11版. 李玫瑾,等,译. 北京:中国轻工业出版社,2018.

障碍并不一定导致性犯罪,只是某些类型的性心理障碍与性犯罪关系较为密切而已。

第二节 强奸犯罪

在我国,强奸罪是指违背妇女意志,使用暴力、胁迫或者其他手段,强行与妇女发生性交的行为,或者故意与不满14周岁的幼女发生性关系的行为。目前我国刑法只把女性界定为强奸罪的受害者。

一、强奸犯罪的一般特征

(一) 时间和地点

对于强奸犯罪多发的季节,我国的研究结论不太一致。郭建安(1997)的调查发现强奸犯罪夏季发生最多,占41.1%,其次是春季,占24.7%。刘守芬、申柳华(2004)调查发现强奸罪发生最多的是春季[1]。这种差异可能跟样本的选择有关。另外,夏季和春季都具备一些影响强奸犯罪发生的条件。夏季气温高,人们心情焦躁、控制能力下降;春季气温变暖、日照时间变长,引起人们体内激素水平的变化,这些因素都有可能导致强奸犯罪的增加。

在具体的时间段上,以下午5点至半夜0点最多,占50.4%(刘守芬、申柳华,2004),其次是早上8点到下午5点,占35.4%。

在地点上,不同的研究都发现强奸多发生在室内,尤其是受害者自己的家里。这说明强奸犯罪最容易发生在受害者放松警惕、不加防范的地方。

(二) 犯罪人和被害人的关系

强奸犯罪最容易发生在互相认识的人之间。在刘守芬(2004)的调查中,68.4%的加害人与受害人是互相认识的;在郭建安(1997)的调查中也发现加害人与受害人互相认识的比例高达62.9%。日本的熟人强奸比例也很高。尽管在国内外的新闻报道中,那些令人闻风丧胆的系列强奸杀人案的受害者几乎都与凶手素不相识,但在一般的强奸案中,犯罪人与受害者相识的居多。

二、强奸犯罪人的特征

(一) 强奸犯罪人的一般特征

1. 独身的居多

在刘守芬(2004)的调查中,强奸案的犯罪人,未婚的占绝大多数(87.9%),其次是离婚或丧偶的(7.6%),可见强奸犯绝大多数是独身的男性。

2. 年轻人居多

在刘守芬的调查中,强奸犯罪人在16~18岁(占18.5%)、18~25岁(占30.6%)和25~

---

[1] 刘守芬,申柳华.强奸案件的加害与被害——71个强奸案例的法律实证分析[J].犯罪研究,2004(04).

35岁（占36.1%）这三个年龄段最多。美国、加拿大等国家的研究也认为强奸犯主要是年轻人。可见青少年时期到青年晚期的男性易发生性侵行为。

3. 受教育程度较低

在郭建安和刘守芬的调查中都显示强奸犯在初中文化程度及以下的占多数。受教育程度低意味着缺少法律意识，与人交往时缺少有效的社交技巧，容易使用身体攻击的方式。

（二）强奸犯罪人的心理特征

强奸犯罪人使用强制或暴力的方式与人发生性行为，有时候还会涉及殴打、刺伤等人身伤害行为。因此强奸本身就是一种攻击，反映了犯罪人内心具有暴力性、攻击性的一面。在许多文化背景中，男孩自小被教育"要主动，要有男子气"，男孩的攻击特质不但不受制约，反而会受到鼓励。有的男子从小形成了一些错误的观念，认为在约会和性行为时一定要"主动"，因而不顾对方是否自愿。这就带来了一些麻烦的问题：有的人在对熟人进行强奸时甚至不知道自己是在犯罪。

但与其他暴力犯罪者相比，强奸犯的暴力倾向并不强。徐淑慧、苏春景（2018）对未成年犯人的人格特征进行比较，发现未成年强奸犯的暴力倾向显著低于那些犯抢劫罪、故意伤害罪和杀人罪的未成年人[①]。与抢劫、杀人等典型的暴力犯罪相比，强奸犯罪背后的原因有多种，人格中的暴力性这一因素的作用没那么强。犯罪人错误的思想观念、法律意识淡薄等因素是促使熟人强奸的重要因素。

学者莱赫曼等人指出陌生人强奸和熟人强奸具有不同的影响因素。陌生人强奸者一般具有强烈的反社会和暴力倾向，而熟人强奸者是不懂得自己的行为是错误的，以为受害者是心甘情愿的[②]。

三、强奸犯罪中被害人的相关研究

（一）强奸被害人的一般特征

1. 青少年女性居多

在郭建安的调查中，强奸被害人以18~25岁这个年龄段的女性最多，占48%，其次是18岁以下的女性，占26%。刘守芬的调查显示，14岁以下的受害者占18.1%，14~18岁的占18.1%，18~25岁的占11.4%，也是青少年女性占绝大多数。青少年女性年轻貌美，并且缺少社会经验，对异性不够警惕，容易吸引受害者。

2. 未婚者居多

郭建安、刘守芬等人的调查都显示强奸案的受害者多是未婚的女性。已婚女性活动范围多在家庭之中，除工作之外与异性的交往不那么频繁。离异或丧偶的女性生活经验丰富，对异性的警惕性高，也不容易成为受害者。未婚女性处于寻求恋爱婚姻的阶段，与年轻异性的交往较为频繁，这就增加了她们被侵害的概率。

---

① 徐淑慧,苏春景. 不同犯罪类型的未成年犯人格特征比较[J]. 青少年犯罪问题,2018(04).
② Curt R. Bartol, Anne M. Bartol. 犯罪心理学[M]. 11版. 李玫瑾,等,译. 北京:中国轻工业出版社,2018.

3. 受教育程度低

郭建安、刘守芬等人的调查都显示强奸案的受害者受教育程度为初中及以下的占绝大多数。受教育程度低的女性更容易受到性侵。

我们对比一下强奸犯罪中加害者与受害者的一般特征，就会发现二者具有高度的一致性。都是受教育程度低、未婚的年轻人。这就意味着，强奸者更容易强奸和自己身份、背景类似的人。

（二）被害人的心理特点

对于强奸犯罪来说，被害人的某些心理特征是危险因素，犯罪人容易利用被害人的这些弱点实施犯罪行为。这些危险的心理特征包括以下内容。

1. 胆小、软弱

许多女性在被强奸后不敢报案，惧怕舆论压力和二次伤害，致使犯罪分子逍遥法外。犯罪分子会利用女性的这个弱点肆意妄为。

2. 爱慕虚荣，追求享乐

有些女性喜欢在与异性约会时接受对方的礼物和物质款待，某些犯罪分子就利用吃喝玩乐来引诱女性，等到女性喝醉或完全丧失戒备时将其强奸。

3. 自身有弱点被要挟

有的女性自身具有一些隐私或劣迹，被犯罪分子知晓后，以此为要挟，强迫女性供其淫乐。

4. 女性的身体或精神具有残疾

有些犯罪分子会对那些有精神疾病，或智力有缺陷，或身体有残疾的弱势女性实施犯罪行为。这些女性缺少自我保护能力，甚至精神处于非正常状态，容易被侵害。

（三）强奸犯罪对被害人的危害

1. 身体上的创伤

由于许多强奸犯罪中会伴有暴力行为，如殴打、撕扯等，会对受害者的身体造成不同程度的损伤。有的受害者因被强奸而怀孕；有时候犯罪人的犯罪动机向恶性转化，因惧怕受害者反抗、犯罪行为败露等将强奸升级为杀人。

2. 心理上的伤害

强奸对受害者心理的伤害是深刻而长久的。女性在遭受强奸或强奸未遂之后出现的种种不良心理反应被称为"强奸创伤综合征"。这一概念是由 A. W. 伯吉斯和 L. L. 霍姆斯特在 1974 年提出来的。他们通过电话访谈、家庭访问等形式对遭受强奸的 92 名被害人进行跟踪调查，发现被害人的情绪变化通常会经历两个阶段。一个是急性期，一个是重组期。急性期在遭受强奸后立即开始，一般持续几周。在这一时期，被害人会有不同的情绪表现。表达型的被害人会表现出明显的恐惧、愤怒、焦虑和紧张等情绪；而抑制型被害人会刻意掩饰自己的情绪，表现出冷漠、呆滞、行为迟缓等情绪。这两种类型的发生概率各占一半。重组期通常在遭受强奸后的 2～3 周开始，历时较长。遭受强奸给被害人带来了巨大的羞辱和震慑，严重影响被害人以后的工作和婚恋。被害人会感到没有安全感、自责、沉默，有可能发生自杀行为,有些受害人甚至因此患上精神分裂症等严重的精神疾病。①

第三节 对儿童的性侵害

一、儿童性侵害的隐蔽性和普遍性

对儿童性侵害和虐待的准确统计数据很难获得。在所有的暴力犯罪中,性犯罪本身报案率就是很低的,儿童性侵害案件更是如此。在美国,那些对儿童的性侵案件往往会被移交给公共服务机构,从未进入官方的犯罪统计数据。在我国,很多儿童和家长对性侵儿童的行为非常无知,认为是家丑,是羞耻,因而选择不报案,甚至默默忍受。

现实中,儿童和未成年人受到性虐待或性侵害的现象是很普遍的。有数据表明,在美国有1/4的女孩和1/20的男孩在17岁之前受到过性侵害,而且超过一半的儿童性侵案的实施者是未成年人。如果只统计由成年人实施的儿童性侵案,那么这个比例会下降到1/9的女孩和1/53的男孩(Curt R. Bartol, Anne M. Bartol, 2018)。

2018年3月,中国少年儿童文化艺术基金会女童保护基金公布了2017年性侵儿童案例统计及儿童防性侵教育调查报告。据女童保护基金不完全统计,2017年全年媒体公开报道的性侵儿童(14岁以下)案例378起,平均每天曝光1.04起,受害人数超过606人。女童遭遇性侵人数为548人,占90.43%;男童遭遇性侵人数为58人,占9.57%。这些受害儿童中,年龄最小的仅1岁,7~14岁的中小学生占比最多。更令人恐怖的是,这些被媒体公开报道的性侵儿童案件仅仅是冰山一角,还有更多的案件没有被公开,甚至除了当事人之外没有人知道它们曾经发生过。

不管是在国内的报道还是在国外的报道中,儿童性侵案的犯罪人,有许多都是熟人。根据女童保护基金的报道,2017年公开报道的儿童性侵案中,熟人作案占比59.89%,这是2013—2017年的公开曝光的熟人作案占比最低的一次,2014年竟高达87.87%。这些熟人包括老师、邻居、家庭成员、亲戚、父母的朋友等。

二、性侵儿童者的特点

(一)性侵儿童者的一般特征

在年龄上,性侵儿童者以中年人居多。性侵儿童的成年犯罪人中,男性犯罪人的平均年龄要大于一般的男性强奸犯罪人。国外研究发现,男性强奸犯多为年轻人,而性侵儿童的成年男性犯人与儿童第一次性接触的平均自报年龄为32岁。大多数性侵儿童的女性犯罪人大约是从31岁开始性犯罪的。可见,性侵儿童的成年犯罪人开始犯罪的时间较晚。刘洋(2016)对361起性侵幼女的罪犯进行调查,发现犯罪人多为中年人(35~59周岁),大约占53%,青年人(35周岁以下)占31%,老年人(60周岁以上)占16%,年龄最大的已经88岁②。

---

① 杨杰辉.强奸创伤综合征专家证据在美国刑事司法中的引入及其启示[J].中国刑事法杂志,2011(12).
② 刘洋.性侵幼女犯罪研究[D].湘潭:湘潭大学,2016.

在性别上,性侵儿童者以男性居多,主要原因有两点。第一,性犯罪本身就是男性犯罪人居多,性侵儿童的犯罪人中有相当一部分是恋童癖,恋童癖本身也是男性居多。第二,女性被认为是照顾儿童的角色,民众对女性与儿童的亲密行为容忍度较大,因此女性性侵儿童者不容易被发现。

在受教育程度上,国内一项研究发现,猥亵儿童的犯罪人91.3%为初中以下学历[①]。这些人法治观念淡薄,对性侵害儿童的后果认识不足,有的人甚至意识不到是在犯罪。

(二)有很多单一惯犯

单一惯犯是指主要实施某一种犯罪类型的犯罪人。性侵害儿童和青少年的犯罪人中,有相当一部分是单一惯犯,即他们的侵害对象年龄相差不大,都是儿童或者青春期少年。在刘慧(2016)所调查的犯罪分子一次猥亵一人的案件中,同一个犯罪分子多次猥亵同一个儿童的案件占21.18%,一个犯罪分子猥亵多个儿童的案件占28.93%;性侵害儿童的被告人样本中,累犯达13.22%。据中国少年儿童文化艺术基金会女童保护基金的统计,在2014到2016年公开曝光的1276起性侵儿童案件中,一人性侵多名儿童的案件共235起,占18.4%。这些累犯和惯犯多次犯罪,不思悔改,应受到法律的从重处罚。

(三)在人格与认知方面存在一定的异常

那些性侵害儿童的犯罪人,其侵害对象越单一,性偏好越是局限于儿童,在人格和认知方面的异常越明显。这些人往往社交能力差,缺少社交技巧,难以与成年人建立亲密的关系,有孤独感和自卑感。

有学者提出一个新的术语:与儿童情感吻合度,用这个术语来讨论性侵儿童者在人际关系和亲密关系方面缺失的特点。与儿童情感吻合度,指许多猥亵儿童的人在儿童那里更容易获得认同感,更容易得到情感和交往成功的满足感。他们与成人交往有不适感,会感到孤独,与孩子建立关系可以减少这种不适感和孤独感。有关研究发现,检测与儿童情感吻合度可以预测来自家庭外部的对儿童进行性侵的男性惯犯,但它似乎不能预测来自家庭内部的性侵儿童的惯犯。

在认知方面,国外学者提出认知扭曲理论来解释性侵儿童者的行为。性侵儿童者存在的一些认知扭曲、为性侵行为开脱的信念对性侵儿童者实施性侵行为起了重要的支持作用。这些信念包括:相信孩子也需要寻求和享受性爱;个体有权利与儿童发生性关系;世界是危险的,所有人都是有敌意的,只有通过性虐待儿童去控制他们才能获得安全感;成年人和孩子的性关系对孩子有教导意义等。认知扭曲会形成认知图式,一旦认知图式形成,侵害儿童的犯罪人在对儿童实施性侵时就会丧失理性的信息加工,从而对受害者的情绪和行为做出错误的判断。

另外,有些研究者推测,性侵儿童者可能从幼年开始就有一些神经发育方面的损害,这些损害造成了他们的性欲倒错行为。认知水平较低或有脑功能障碍的人在与同龄人建立性关系时更容易受到拒绝,因此他们更有可能从儿童那里寻求性满足。同时这类人较低的认

---

① 刘慧.我国性侵害未成年人犯罪实证研究[D].长春:吉林大学,2016.

知水平或有缺陷的认知加工能力会限制他们认识性侵害儿童的性质或这种行为对儿童的长期危害。

三、关于恋童癖

性侵儿童的犯罪人,有一部分人可以被诊断为恋童癖。DSM-5 将恋童癖命名为恋童障碍,指一种对儿童或青春期前的儿童(年龄小于 13 岁)反复、强烈地表现出性幻想、性冲动或涉及性的行为的状态,这种状态至少持续 6 个月,并且已经就这种性冲动采取行动或深受其困扰(感到严重的痛苦或人际交往困难)。我国学术界更侧重从行为上界定恋童癖,指成年人长期并且多次以儿童或性发育尚未成熟的少年为对象,靠猥亵甚至发生性行为来获得性兴奋和性满足,对成年异性则相对或完全缺乏性兴趣的病理症状。恋童癖可以分为专一型和非专一型,专一型是仅对儿童产生性兴趣,非专一型对儿童和成年人都可以产生性兴趣。恋童癖还可以分为同性恋童癖、异性恋童癖和双性恋童癖;也可以分为家庭内恋童癖(针对家庭成员)和家庭外恋童癖(针对非家庭成员)。

性侵儿童的并非全部是恋童癖。有的人是因为无法从正常的途径获得对成年人的性满足,转而向孩子下手。真正的恋童癖对成年异性或同性缺乏兴趣或者兴趣不足。还有些人是因为患有精神疾病,对性冲动的控制能力减弱,偶尔会对儿童实施性侵的举动。这种情况也不是典型的恋童癖。恋童癖对儿童的性侵害或性兴趣是长期而反复的。

DSM-5 规定恋童癖的年龄须年满 16 岁,患者与受害儿童的年龄差距在 5 岁以上。两个年龄相近的孩子之间发生的性行为不是恋童癖。恋童癖以男性居多,受害儿童则是男孩和女孩都有,女孩数量更多。即使男性的恋童癖者侵害对象是男孩,也不能将其认定为同性恋。对恋童癖者来说,能够唤起其性冲动的关键是年龄而不是性别。

许多恋童癖声称自己在童年时遭遇过恋童癖的性虐待。但这两者之间的关系并不是必然的。不是所有的受害儿童长大后都变成了恋童癖,也并非所有的恋童癖早年一定遭受过性虐待。

恋童癖的智商分数不仅低于普通的暴力犯罪者,而且也低于强奸犯等其他类型的性犯罪人,并且恋童癖的智商越低,所侵害的 12 岁以下儿童数量越多。恋童癖的学习和记忆成绩也低于普通人。恋童癖中左利手的比例不仅高于正常人群,也高于孤独者和唐氏综合征等神经失调人群[①]。

四、性侵对儿童心理的影响

儿童遭到性侵后,不仅会给他们幼小的身体带来创伤,更会导致他们在以后的人生中出现人际交往和心理方面的问题。

在人际交往方面,被性侵过的儿童与普通儿童相比有更多的孤独感,在社会交往中表现消极、自卑。部分儿童会缺乏安全感,难以与人建立长期的亲密关系,在以后的婚姻、恋爱中更容易出现问题。

在心理方面的创伤也是长久的。他们会出现焦虑、抑郁、内疚、恐惧、苦恼、紧张不安和

---

① 姜敏敏,张积家.恋童癖的病因、评估和治疗[J].中国健康心理学杂志,2008(05).

易激惹等情绪问题,也更容易出现药物滥用、自杀、睡眠问题,以及难以管教等问题。

学龄儿童还可能出现厌学行为,部分儿童可能性格大变,原来活泼外向的变得孤僻沉默,或原来性格温顺的变得叛逆、暴躁。遭受性虐待的儿童可能出现创伤后应激障碍(PTSD),表现为恐惧、紧张、闪回、注意力不集中,常做噩梦。在成年后,他们会成为酗酒、药物滥用、抑郁症、边缘性人格障碍的易感人群。值得注意的是,虽然男孩被性侵的数量比女孩少,但男孩被性侵产生的后果可能比女孩更为严重。

国外学者总结文献之后发现,儿童被性虐待的后果与一些因素有关。年幼的儿童似乎被年龄更大的儿童更容易受到创伤;犯罪人和被害人的关系越亲密,儿童受到的伤害越大;暴力越严重,对儿童造成的伤害越大;与普通儿童相比,遭受过性虐待的儿童更有可能在成年后再次遭受性侵害[1]。

五、对性侵儿童者的矫治

因为性侵儿童会给被侵害者带来严重的伤害,并且重复犯罪率高,故而对性侵儿童者尤其是恋童癖者采取一些方法进行矫正是非常有必要的。但是由于愿意配合治疗的人不多,再加上性侵儿童者的背景并不统一,犯罪行为不完全一致,因此在矫治方法上进展一直非常缓慢。

(一)认知疗法

因有研究提出性侵儿童者具有认知歪曲,故可以从改变性侵者的认知入手,使其认识到自己的某些信念和认知是错误的,然后重新建立新的认知结构。

(二)条件反射疗法

这种疗法建立在条件反射理论的基础之上,认为患者早期形成了以儿童为对象的条件反射,如要要矫治患者对儿童的性幻想和性冲动,那么治疗者需要帮助患者建立新的以成人为对象的条件反射。但这种方法效果不理想。它只能在某种程度上改善患者对儿童性冲动的控制能力,并不能从根本上改变患者对儿童的性兴趣。

(三)药物疗法

在对恋童癖的治疗中,由于单纯使用其他矫正方法效果不佳,故常配合使用一些降低性欲的药物,例如采用降低睾丸激素的药物,或者使用选择性血清素再吸收抑制剂。甚至有的国家允许对恋童癖使用化学阉割,以杜绝其对儿童的侵害。

六、对儿童性侵害的预防

许多儿童性侵事件的发生本来是可以避免的。尽管那些性侵儿童者表现正常,难以通过外表识别,只要家长具备足够的警惕心理,家庭和学校以及社会做好预防工作,一定可以减少伤害儿童的事件。

---

[1] Curt R. Bartol, Anne M. Bartol. 犯罪心理学[M]. 11版. 李玫瑾,等,译. 北京:中国轻工业出版社,2018.

（一）加强对留守儿童的监护

在我国有大量的留守儿童，对他们监护力度不够，给了犯罪分子可乘之机。留守儿童的健康和安全问题已经引起了社会各界的关注，国家制定了很多政策来帮助留守儿童。但目前留守儿童的监护问题仍然难以解决，农村家庭对儿童的安全普遍重视不够，这种意识需要改变。

（二）加强对儿童的性教育工作

许多学校和家庭对性教育一直持回避态度，使性教育成为一个盲点。性教育的缺失使儿童对成人的性侵害缺乏意识，不懂得自我保护，这是教育的失败和悲哀。这项工作应该在学校和家庭中慢慢普及。

（三）提高家长的风险意识

许多性侵儿童案是熟人作案，这是很多家长没有预料到的。有些家长经常毫无防范地让孩子和一些亲属单独待在一起，以为这样是安全的。有关部门在普法工作时，要让家长意识到任何熟人甚至父母都是有可能成为性侵儿童的嫌疑人，应提高警惕心理。同时还要让家长明白遭受性侵或猥亵对儿童的危害有多大，从而提高他们保护孩子免受侵害的意识。

（四）借鉴国外经验，加强对性侵儿童者的矫正、管理和监控

由于性侵儿童者重复犯罪率高，必须对他们采取一定的措施，防止其再犯。有性心理障碍的，要给予矫正。鉴于恋童癖的矫正效果不理想，其他强制措施有必要施行，比如出狱后佩戴电子脚铐、终身监控，在社区公开有性侵儿童历史者的信息等。

第九章 变态心理与犯罪

第一节 变态心理概述

一、变态心理的概念

变态心理又称心理障碍或异常心理,是一种内部心理机能的紊乱,并伴随着痛苦或社会功能受损,是违背个体所在的文化背景中大多数人行为规范的行为反应。正常心理与变态心理之间是一个连续谱,并没有一个截然区分的界限。处于完全的心理健康状态或极严重的精神病状态的人都是少数。大多数人会因为各种生活压力和应激事件而产生心理冲突;一部分人患有神经症或人格障碍,心理与功能严重受损。

二、变态心理的判断标准

变态心理与正常心理之间没有截然区分的界限,但有一些标准可以为我们判断人的心理是否变态提供了一些参考。

(一)统计学标准

统计学标准是指依据心理特征偏离统计常模(即平均值)的程度作为判断心理正常与否的标准。在整体人群中,对某种心理特征进行测量得到的统计结果一般会呈正态分布,大多数人位于中间状态,少数位于正态分布的两端,视为心理异常的范围。不过某些心理特征即使位于极端位置也不一定是异常。比如,有些智力超常者的智商分数是偏离平均数很远的,但它是正面意义的,不属于异常。另外,不是所有的心理特征都可以呈正态分布。根据统计学标准认定的正常或异常是相对的,在变态心理的判断中仅有参考意义。要对异常心理做出准确判断,还应该结合其他的标准。

(二)社会适应标准

正常情况下,人的行为能适应社会规范,按照社会规范的要求去工作和生活,适应环境和改造环境。但如果一个人社会功能受损,不能正常地工作和生活,就可以判断此人存在心理异常。例如一些成年人经过多年的学习之后获得了博士学位,不出去工作,一直待在家里啃老,这就是异常的。有的成年人永远无法胜任任何工作,一直频繁地失业和变换工作岗位,这种现象也反映出个体对社会的不适应。不过根据社会适应标准判断心理异常与否,要结合当时的社会文化背景。不同的文化背景有不同的行为规范,对心理异常的界定标准就存在差异。一位妇女在大街上袒胸露乳,在中国的文化背景下会被认为是异常的,但在非洲的某些原始部落里就属于正常行为。即使在同一社会的不同时代里,对异常行为的判断也有差异。在20世纪50年代之前,大多数地方都对同性恋现象持否定态度,认为是异常的。但随着时代的变化,人们逐渐接纳了同性恋现象,将其排除在心理障碍之外。因此判断心理异常一定要结合社会文化背景。

(三) 主观经验标准

主观经验标准包括两个方面。一是病人自己的内省经验,如病人自我感觉痛苦、焦虑、抑郁或具有说不清道不明的不适感,或者自我感觉不能控制自己的行为等。二是观察者(如临床心理医师)的经验。观察者根据自己以往的临床经验,判断被观察者的症状是否符合某种变态心理的标准。如果患者的症状比较复杂多变,不同的观察者可能会得出不同的结论。

(四) 医学标准

有些精神障碍的发生存在明显的生理基础,如病理解剖和病理生理变化。这些生理上的异常可以通过医学手段检查出来。但人类的精神疾病往往状况复杂,想在精神问题和生理问题上找到一一对应的关系是很难的。而且有的病人尽管存在精神问题,但不去主动就医,就无法使用医学的标准去判断。因此医学标准也只能作为参考标准之一。

这些标准都不是绝对的,在实际工作中一般要结合几种标准反复比较,综合判断,不可以随意给人"贴标签"。

三、变态心理形成的原因

变态心理的形成是受多种因素影响的。生理因素、心理因素以及社会文化因素都会起到一定的作用。

(一) 生理因素

谱系研究发现,遗传因素不仅影响人的生理特征,还影响人的心理与行为。据估计,大约30%~50%的人格特征和认知能力是有基因基础的,尤其是智力的遗传度最高。许多心理障碍的发病也都可以找到遗传基因的作用。例如精神分裂症和躁狂-抑郁症受遗传因素的影响比较明显。双生子的研究可以证明,同卵双生子比异卵双生子共同患一种精神疾病的概率要高。许多精神疾病患者亲属会具有较高的患病风险,血缘关系越近,风险越高。

神经生化方面的研究发现,乙酰胆碱(ACH)、儿茶酚胺(CA)、5-羟色胺(5-HT)、r-氨基丁酸(GABA)等神经递质以及各种激素的含量异常可导致心理障碍的产生。

(二) 心理因素

精神分析学派强调无意识中的心理冲突在造成心理异常方面起的重要作用,认为人的动机冲突或情绪困扰是精神疾病的根源。行为主义学派认为心理异常是学习的产物,变态行为和正常行为没有本质的区别,都是人在环境中习得的行为反应,变态行为只不过是人习得的错误的行为反应。认知学派认为许多心理疾病患者具有严重的认知障碍,不良的认知方式会影响心理障碍的产生。

(三) 社会文化因素

社会文化因素对变态心理的作用一直没有像生理因素和心理因素那样受到重视。心理异常的社会文化观认为大多数变态心理和正常心理一样都是个人的社会文化生活的产物。例如社会经济地位低下、社会生活变动或重要社会生活事件的发生、人际交往等都能对人的心理产生重大的冲击,进而使人患上心理疾病。

变态心理的内容和表现形式都与人的社会文化背景有着密切的联系。如幻觉、妄想等变态心理的内容都与特定的社会文化相互关联。封建社会的人们容易出现被动物附体的妄想,现代社会的人容易出现被高科技产品控制的妄想。社会文化背景还会影响心理异常的表现形式。以抑郁症为例,有学者比较了中国老人与西方老人在抑郁表现上的差异,发现与西方老人相比,中国老人报告的身体症状更多一些。很多时候中国老人并不会明确地表达自己的抑郁情绪,但经常会诉说身体上的不舒服,如耳鸣、头疼等,去医院检查又查不出什么问题。

变态心理与社会文化的密切关系还表现在变态心理的诊断上:凡是偏离社会文化规范的绝大多数行为不是犯罪就是精神疾病,社会文化发生变化之后,判断心理异常的准则就随之发生了改变。从这个意义上来说,变态心理是社会文化的产物。

四、变态心理与犯罪行为

(一)变态心理患者的犯罪情况

具有变态心理的人不一定犯罪,甚至有许多心理疾病患者在道德方面对自己要求极高。由于心理疾病分类比较复杂,国内缺少各种心理疾病患者违法犯罪情况的统计数字。但某些类型的心理变态患者比较容易触犯法律,尤其是性变态患者,关于性变态患者犯罪情况的研究比较多些。庞兴华(1995)调查了国内275例性心理变态者,其中因性心理异常而违法犯罪的共142例,占所调查样本的51.6%[1]。与普通人的犯罪行为不同,心理变态者的犯罪行为受其异常心理动机支配,具有不顾后果的特征,他们造成的犯罪后果往往比正常人犯罪造成的后果更为严重。

(二)犯罪人的心理异常情况

犯罪人中既有心理正常者,也有心理异常者。但由于犯罪行为本身就是对社会规范的偏离,因此从理论上来讲犯罪人中具有变态心理的人会比较多。再者,犯人入狱后,不适应狱中的生活环境、犯人之间的交叉感染等因素都可能会造成犯人的心理问题增加。

20世纪80年代,国家社会科学基金重点项目"中国现阶段犯罪问题研究"的课题组发现:在2864件杀人案中,由犯罪人的变态心理引起的案件有183件,占6.39%;在5376件强奸案中,由犯罪人的变态心理引起的案件有173件,占3.22%;在3235件伤害案中,由犯罪人的变态心理引起案件有69件,占2.13%[2]。

张慧等人(1998)调查狱中120名犯人的心理健康状况,发现这些犯人的心理问题较为明显,表现出各种各样的躯体不适、强迫观念、人际关系紧张、苦闷孤独、悲观、抑郁冷漠、焦虑、恐惧不安、缺乏同情心、残忍敌意、偏执、精神病态等[3]。张佩、包含金(2011)采用症状自评量表SCL-90对290名男性服刑犯人的心理健康状况做出测量,该样本中服刑犯人在症状

---

[1] 庞兴华.变态心理犯罪[J].青少年犯罪问题,1995(01).
[2] 刘斌志,何冰冰.二十年来我国变态问题研究的回顾与前瞻[J].湖北警官学院学报,2018(01).
[3] 张慧,樊旭辉,赵兰.狱中犯人心理状况及个性调查分析[J].中国临床心理学杂志,1998(03).

自评量表 SCL-90 上的总分以及躯体化、人际关系、抑郁、焦虑、敌对、恐怖、偏执、精神病性 8 项因子上得分显著地高于全国常模[①]。这显示出犯罪人的心理健康状况是低于普通人群的。

第二节　人格障碍与犯罪

一、人格障碍概述

（一）人格障碍的概念和特点

人格是个体在认知、情感和行为等方面表现出来的长期稳定的风格特点。根据 DSM-5 的界定标准，人格障碍是明显偏离了个体所在文化背景预期的内心体验和行为的持久模式。人格障碍通常开始于童年期或青少年期，并随着时间的推移而逐渐稳定，如果不加干预甚至会持续终生。人格障碍是泛化的，缺乏弹性的，涉及个体的社交生活、职业等各方面，会引起个体痛苦的体验，或导致社交、职业等重要的功能受到损害。但并非所有的人格障碍者都会感受到主观的痛苦和不适，例如反社会型人格障碍，他们更多的是让身边的人感到痛苦和困扰。人格障碍者通常会将自己在社会生活中感受到的不适归咎于其他人。对于普通人而言，人格障碍者行为古怪，是"正常人中的疯子"；对于严重的精神疾病患者而言，人格障碍者并未丧失自我意识，还能工作和生活，是"疯子中的正常人"。

（二）人格障碍的类型

对人格障碍的分类，各种分类标准意见不一。DSM-5 将人格障碍分为 3 大组 10 个类型：古怪组包括偏执型、分裂样和分裂型人格障碍，其共同特征是思维内容古怪，不符合常理，导致行为怪异，令人难以理解；戏剧化组包括反社会型、边缘型、表演型和自恋型人格障碍，其共同特征是情绪行为不稳定，令人难以捉摸，难以预测；焦虑组包括回避型、依赖型和强迫型人格障碍，这组患者长期具有焦虑情绪。

《中国精神障碍分类与诊断标准第 3 版》（CCMD-3）将人格障碍分为偏执型、分裂样、反社会型、冲动型（攻击型）、表演型、强迫型、焦虑型、依赖型以及其他或待分类的人格障碍（包括被动攻击型、抑郁型和自恋型人格障碍）。

二、人格障碍与犯罪

（一）人格障碍者犯罪的基本特点

人格障碍在人群中的患病率不高，但在犯罪者中却占了不小的比例。有数据称在西方国家的犯罪者中人格障碍者可达 15% 以上。由于人格障碍者的某些人格特征极端发展，使其行为控制能力差，一旦做出越轨的行为，危害极大。与普通犯罪人相比，人格障碍者的犯

[①] 张佩，包含金.男性服刑犯人的心理健康状况调查分析[J].黑龙江教育学院学报，2011，30(1).

罪行为有以下特点。

1. 犯罪行为具有自觉性

人格障碍者意识清醒，智力正常，具备组织能力，其犯罪行为一般是自觉发生的，事后对犯罪过程有清晰的记忆。

2. 犯罪动机具有隐蔽性

人格障碍者虽然具有正常的智能，但他们的行为方式往往带有"疯狂"的特点，十分与众不同，因此其犯罪行为也非常独特而复杂，与其特殊的需要、兴趣、信念、价值观等方面相关联，令人难以理解。其犯罪动机也难以推测，具有隐蔽性，有时候要等到落网之后才能明白他们为什么这样做。普通犯罪人贪财或贪色，犯罪动机明显。有些人格障碍者纵火、盗窃、杀人，可能仅仅只是为了取乐。

3. 犯罪手段具有残忍性

人格障碍者犯罪多具有极强的攻击性，对受害者冷漠、缺少同情性，因而犯罪手段残忍。许多人格障碍者引发的系列凶杀案都非常残酷，不仅对受害者施以残暴的攻击，还经常残害尸体。

4. 犯罪行为具有持续性

人格障碍者的犯罪行为与其极端发展的人格特征有关，而这种人格特征是稳定的，是难以改变的，因此其犯罪行为往往具有持续性。如纽约"炸弹狂"F.P被布鲁塞尔博士推断为偏执型人格障碍，其犯罪行为持续了十几年，直至被抓获。

5. 犯罪活动一般单独进行，共同犯罪极少

人格障碍者一般在人际交往上存在问题，不信任他人，难以与人合作，因此其犯罪行为一般都是独来独往的，不愿意与人共同犯罪。

（二）人格障碍类型与犯罪

人格障碍与犯罪之间不具有必然的联系。具有人格障碍的人不一定会犯罪，犯罪的人不一定有人格障碍。但根据前文所述，外国有统计数据显示犯罪人中人格障碍者所占的比例要远远高于其在普通人群中所占的比例。这就显示出，跟普通人相比，人格障碍者更容易触犯法律。人格障碍者具有持久的与所处文化背景中的行为规范不符的行为模式，这种模式会给周围的人带来困扰，也给自己带来诸多不适应。但人格障碍者通常缺少自省能力，往往把这种不适应归罪于他人，这样就会增加人际冲突的频率，增强他们对社会的敌意。

偏执型人格障碍的显著特点是猜疑和偏执。他们总是毫无根据地怀疑他人，以为别人会做出对自己不利的行为，把别人的善意的言论当作具有贬低意义或威胁意义的信息，心胸狭隘，爱嫉妒他人。在偏执型人格障碍者的内心隐藏着"人性本恶"的假设，对周围的人不信任，很难与人合作，时刻能感受到来自外界的恶意。因此他们长期生活在惊恐和愤怒的情绪中。这种特点使得他们容易对他人做出防御性的攻击行为。有的偏执型人格障碍者因为怀疑配偶有外遇发生争吵，继而失去理智，愤怒杀人。

冲动型（攻击型）人格障碍以高度的冲动性和易激惹性为主要特征。他们很容易就被一些琐事激怒，经常对一些微小的消极刺激（如排队时被人碰撞或小孩的哭闹声）做出极不相称的过激反应，陷于暴怒和冲动之中，进而实施暴力和破坏行为，或伤人或毁物。在做出冲动性的行为之前，他们会体验到紧张感，实施冲动行为时有愉快感、释放感和满足感。但是等到冲动行为过去了,人冷静下来之后,他们通常会为自己所做的过激事情而后悔。冲动型人格障碍的延缓满足能力极差,需要得到立即的满足,显示出其心理发展不成熟。这种人格障碍者比较容易因为自己的冲动、过激行为而触犯法律。

在所有的人格障碍类型中,反社会人格障碍者与犯罪关系最为密切。他们情感淡漠,没有同情心和责任心,为了自己的利益毫不顾及他人,非常自私地为了追寻自己的快乐而活。如果他们做出了违反社会道德和伤害他人利益的事情,他们也不会感到羞耻和内疚。他们常常撒谎、欺骗他人,也常出现暴力行为。因此许多反社会人格障碍者从青少年时期开始就是劳教所、监狱的常客。反社会人格障碍者在犯罪时往往会出现动机不足的现象。一般犯罪人会为明确的理由而犯罪,比如贪财,报复等。而反社会人格障碍者可能会因为一些微不足道的小事或者根本没有任何明显的理由而大动干戈、伤人毁物,且事后不会后悔和内疚。

边缘型人格障碍者也具有一定的危险性。这是一种人际关系、自我形象和情绪情感极度不稳定,且具有高度冲动性的人格类型。他们没有安全感,害怕被遗弃,因此他们会极力去避免真正的或想象出来的被遗弃的事情发生。他们一直处在一种不稳定的、紧张的人际关系中。他们需要亲密的关系去维持自己脆弱的安全感,但他们对待自己的亲密伴侣(情人、配偶、密友等)的态度总是在极端理想化和极端贬低之间交替变动。因此他们经常把对方夸上天,但当对方有一点让自己不满意的时候就会暴怒,把对方贬得一文不值。他们对自己欠缺稳定的认识,自我统一性混乱。他们的生活总是一团糟,经常出现一些具有自毁倾向的冲动行为,如不理性的消费、混乱的性关系、物质滥用、鲁莽驾驶、暴饮暴食等。他们经常被一种弥漫、持久的空虚感支配,情绪总是大起大落,易激惹,经常感到强烈的烦躁感和暴怒感,且难以自控。他们会反复地发生自杀、自残行为,或者以自杀、自残行为威胁身边的人。由于边缘型人格障碍的这些特点,使得他容易出现滥用毒品、酗酒等行为。他们具有一定的攻击性,有时候会用暴力攻击他人,但更多的时候他们把攻击性指向自己、毁灭自己。

表演型人格障碍以过度情绪化和追求他人关注为主要特征。他们情感肤浅,言语、外表夸张、戏剧化,与人交往时往往带有不恰当的诱惑性或挑逗性,且易受暗示。他们夸张的形象和情感表达都是为了吸引他人关注,如果自己不能成为他人注意的焦点,他们会感到不满意。表演型人格障碍与反社会型人格障碍有共同之处,即对他人的感受缺少真正的关心,他们眼里只有自己。有学者认为表演型人格障碍与反社会型人格障碍是同一种病症在不同性别上的体现。这种自我中心的特质在男性身上更容易表现为反社会型人格障碍,在女性身上更容易表现为表演型人格障碍。利林费尔德(1986)发现2/3具有表演型人格障碍的人同时具有反社会型人格障碍者所具有的特征。反社会型人格障碍者触犯法律的情况多见,相应地表演型人格障碍者也会出现一些违反社会法纪的行为,但却没有反社会人格障碍者那么明显和频繁。反社会人格障碍中男性居多,可能男性的暴力、冲动特质让他们不惧怕法律的惩罚;表演型人格障碍女性居多,更愿意为了讨好他人而隐藏自己的攻击性。不过部分表演型人格障碍的女性可能因为举止轻佻、招蜂引蝶而陷入两性关系的纠葛,甚至发生性犯罪。

自恋型人格障碍以过分夸大自己的能力、外貌、重要性且需要他人赞扬为主要特征。他们对自己评价过高,认为自己只能被其他特殊或地位高的人所理解或与之交往;他们缺少共情,对他人的感受或需求不愿识别或不愿认同。这种极度的自我中心的特点与反社会型人格障碍有些类似。但自恋型人格障碍对自己的高度评价会限制他们像反社会型人格障碍一样公然违法犯罪。因此自恋型人格障碍犯罪的可能性并不会特别高。但自恋型人格障碍者可能会为了夸大自己的价值而编造谎言、捏造事实,以维持其虚幻的、自尊自大的形象,进而发生诈骗或掠夺他人成果的事件。

其他人格类型,如抑郁型、强迫型、依赖型等,虽然它们主观上容易出现消极情绪,但对他人的攻击性较弱。分裂样人格障碍者缺少交往动机,对他人不感兴趣,乐于做个隐士,因此极少与他人发生联系,更谈不上冲突,所以他们一般与世无争。分裂型人格障碍思维奇特,行为怪异,与人交流困难,被动闲散,几乎与世隔绝。只要分裂型人格障碍者还没有转变成精神分裂症,一般也不具有很大的危险性。

三、人格障碍犯罪人的法律责任能力

在司法实践中,对人格障碍犯罪人法律责任的认定是个较有争议的问题。人格障碍者尽管行为古怪,控制能力弱,但并没有丧失自我意识,在犯罪时一般是自觉、清醒的,所以大部分人格障碍者对自己引发的案件具备完全责任能力。由于表演型人格障碍者有时患有癔症,如果在癔症发作时实施了犯罪行为,多数情况下应判定为部分责任能力,少数情况下可评定为完全责任能力,主要看犯罪人当时的意识状态。另外偏执型、分裂型和冲动型的人格障碍者在实施犯罪行为时,如果其人格障碍引发的情绪、意识障碍较为严重并明显影响了患者的辨认能力或自控能力,可评定为部分责任能力,否则就要判定为完全责任能力。

第三节 精神病人的危害行为

一、精神病概述

我们把自我意识丧失、辨认能力和控制能力严重受损、心理机能完全紊乱的心理障碍称为精神病。精神病通常是由生物因素引起的,因此经常找不到明显的发病诱因。精神病患者中,男性多于女性。

精神病患者的异常心理特征主要表现在以下两个方面。

(一)辨别能力丧失

精神病患者对自己的病情缺乏认识,对外界事物之间的关系辨认不清,不能做出正确的判断,因而经常对外界做出错误的、歪曲的反映。有的病人分不清幻想和现实,对着空气大喊大叫,认为有人在跟自己发生争执。有的病人把别人善意的举动当作恶意的侵犯,甚至拿起凶器伤人毁物。精神病患者对自身的精神状态也不能正确认识,不认为自己有病,不愿意主动就医。

(二)自我控制能力丧失

普通人都具有一定的自我控制、自我调节的能力。精神病人丧失了判断能力,无法预料自己行为的后果。他们对自己的本能冲动不加约束,任由自己的本能欲望得以宣泄。当他们的性欲或攻击欲毫无节制地表现出来时,就会给周围的人带来巨大的伤害。

二、精神病与违法犯罪

由于精神病人丧失了辨别能力和自我控制能力,他们极容易在幻觉或妄想的支配下做出不理智的事情。精神病人犯罪的高峰年龄大约在20~40岁。

(一)精神病人违法犯罪的特点

1. 精神病人作案前多有前兆症状

精神病人作案前的前兆症状,如紧张、焦虑、抑郁、烦闷等。这些症状预示着病人的病情加重,如果不加以干预就可能会让病情更加严重,进而出现伤人毁物的行为。

2. 作案动机为病理性动机或动机不明,令人难以理解

精神病人具有独特的内心世界,他们的犯罪行为往往受他们的幻觉或妄想的支配,犯罪动机难以推测。著名的"吸血鬼杀手"李查·崔顿·乔斯患有精神分裂症,他在凶杀现场将受害者残酷地杀死,并将受害者的血液放入一个空瓶中一饮而尽,原因是他相信自己患上了一种疾病,血液已经受到污染,会逐渐粉末化,所以必须以新鲜的血来替换。这种犯罪动机是常人无法想象的。

3. 犯罪行为缺乏预谋性

精神病人的犯罪行为缺乏计划性,往往是在外界诱因作用下的一时冲动。他们的自我意识脱离现实,一般不具备精心谋划的能力。普通人的凶杀案多发生在夜晚,而精神病人的凶杀案则多发生在白天,可见其行为缺乏预谋性,是临时起意的。

4. 犯罪手段具有残忍性

精神病人犯案时,多使用现场方便获得的工具,如菜刀、棍棒、砍柴刀、石块、砖头等,或者徒手。他们在攻击对方时行为疯狂、手段残忍,不顾后果,会给受害者带来极其惨烈的伤亡。

5. 犯案后滞留现场的比例较高

精神正常的犯罪人在犯案后会迅速逃离现场以逃避惩罚,许多精神病人在犯案后却会滞留现场。杨永强等人(2008)分析了36例精神病人的犯罪特征,发现作案后滞留现场的犯罪达到24例之多,占66.7%[1]。精神病人在丧失自主意识时爆发了犯罪行为,等到清醒后往往又不记得发生了什么,因此他们一般不会刻意去逃跑,反而留在了现场或者投案自首。

6. 侵害对象多为熟悉的人

精神病人攻击的对象多为身边熟悉的人,如配偶、子女、父母、兄弟姐妹等家人,还有邻居等经常接触的人。精神病人攻击性发作时没有分辨能力,无差别地攻击他人,因此离他最近的人是最危险的。

(二)精神病的类型与犯罪行为

1. 精神分裂症

精神分裂症是一组具有思维、情感、行为等多方面障碍的综合征,以精神活动与环境不

---

[1] 杨永强,伊鹏,李凡,等.36例精神病患者犯罪特征法医学分析[J].河南科技大学学报(医学版),2008(02).

协调为特征①。精神分裂症多起病于青少年时期,且起病年龄越早,症状越严重。全球有4500万至5000万精神分裂症病人,我国有近700万人罹患此病。多项统计资料都表明精神分裂症病人犯罪在所有精神病违法犯罪案件中所占比例是最高的,为31.7%~50.9%②。具有精神分裂症的犯罪人中以青壮年男性为主,且以涉嫌暴力事件为主。这些暴力案件中最多的是凶杀,其次是伤害,另外还会涉及纵火、抢劫、性犯罪等。精神分裂症病人的犯罪原因多为病理性动机,如妄想(被害妄想、关系妄想、嫉妒妄想、钟情妄想等)和感知觉障碍(幻听、幻视等)。精神分裂症病人犯案后大多对罪行供认不讳,说明患者思维简单。在精神分裂症病人的个人特征中,文化程度低、单身、无业、存在药物滥用历史、性格偏执、抑郁等都是影响其出现犯罪行为的危险因素。

2. 偏执性精神病

偏执性精神病又被称为妄想性障碍、偏执状态、偏执狂,是一组以妄想为主要临床特征的精神病性障碍。患者的妄想通常有系统化的倾向,个别可伴有幻觉,但幻觉症状一般历时短暂、不突出。偏执性精神病的病程演变较慢,一般不会出现人格的衰退或智能缺损,并有一定的工作和社会适应能力。患者在发病前一般具有固执、敏感、多疑、好胜、自尊心强、自我中心等特征。此病一般是在不良个性的基础上由刺激诱发而成。病人对自己所遭遇到的挫折做歪曲的理解,认为是他人故意陷害或怠慢自己,因此容易对人纠缠不休、责备不已。病人把自己想象成受害者,歪曲现实,攻击妄想的对象或"假想敌",往往导致伤害、诬告甚至杀人事件,有的会把敌意泛化,仇恨整个社会,出现一些反社会的言行。例如,有的偏执性精神病人认为自己遭受了不公正的对待,出现反复上访的行为,有的甚至持续几十年之久,耗费大量的财力和精力。与偏执型精神分裂症病人不同,偏执性精神病人的妄想对象固定,在施行报复行为时计划周密,对作案的时间、地点、工具、手段等都有充分的考虑和准备,而被害者却常常缺乏防范,因此犯罪行为容易得手,犯罪后果比较严重。

 专栏

偏执性精神病案例

张某为一名46岁的男子。年少时学习成绩优异,但因为家贫辍学务农。在父母的安排下张某与订了娃娃亲的某女结婚。张某性格敏感自负,婚后不久就认为妻子有外遇,为此夫妻感情不和,经常吵架。妻子不堪忍受侮辱和毒打,多次要求离婚。期间曾经离婚,但不久因妻子想念子女又复婚。张某无端坚信妻子在20多年的婚姻中有奸夫十余人。有段时间,张某又殴打妻子,被长子制止。张某便坚信妻子和长子有乱伦行为,于是起了杀死妻子的念头。某天,张某再次与妻子吵闹,趁妻子不备时,取出事先准备好的刀具将妻子残忍地砍死。作案后张某主动向公安局自首,认为自己杀人是犯罪,但妻子不能存活于世上。

(资料来源:吴家声,钱玉林.偏执性精神病的司法鉴定4例分析[J].法医学杂志,1991(01).)

---

① 王建平,张宁,王玉龙,等.变态心理学[M].3版.北京:中国人民大学出版社,2018.
② 于晓东,江明君,尚庆娟,等.精神分裂症患者的犯罪学特征与刑事责任能力的关系[J].中国法医学杂志,2006(02).

3. 躁狂抑郁症

躁狂抑郁症简称躁郁症,也可称为情感性精神病,以情绪、情感的异常为主要症状,并伴有思维和行为的障碍。其情感改变的特点是过度的情绪高涨或过度的情绪低落,但思维和行为并没有完全脱离现实,易被周围人理解。患者情感高涨时称为躁狂期,情绪低落时称为抑郁期,躁狂和抑郁可以反复出现,两次发病期间有间歇期。间歇期病人的精神状态恢复正常。

在躁狂发作阶段,病人情感高涨、思维敏捷、语言动作增多,称为"三高"。个体在躁狂状态中,会有非常宏伟的想法,但意识不到自己的能力有限。他们口若悬河、滔滔不绝,同时精力旺盛,十分忙碌。但患者此时高涨的情绪并非都是愉快的,相反,他们一遇到挫折就容易被激怒或者陷入沮丧。病人的情感高涨会导致自我控制能力减弱,行为轻率,有时候会出现超出自己偿还能力的过度消费,生活奢侈,还会出现性欲亢奋的状态。在这些情况下,躁狂的病人可能会陷入伤人、诈骗、盗窃、妨碍公共安全和性犯罪等案件中。

在抑郁发作时,病人会出现情感低落、思维迟钝、动作减少等"三低"症状。病人郁郁寡欢,少言寡语,消极悲观,记忆力减退,睡眠有障碍,常自罪自责,甚至产生自杀意念。在这种状态下,病人可能会在自杀意念的支配下出现自杀行为,甚至会杀伤身边的人。

4. 反应性精神病

反应性精神病是由剧烈或持续的精神因素直接引起的,是一组起病急、病程较短的精神障碍。其临床反应与之前的精神创伤密切相关,容易被人所理解。一旦致病因素解除或环境改变,并经过适当的治疗,病人的精神状态就可以恢复正常。因此反应性精神病一般预后良好,复发率低。导致个体发病的精神因素,一种是令个体感到悲伤或惊恐的事件,如亲人突然死亡、自然灾害或意外事故;另一种是持久而沉重的内心冲突和情绪情感体验,如难以解决的人际纠纷、工作与生活上的挫折、不幸的婚姻或遭遇等。根据起病形式,反应性精神病可以分为两类:一类是急性的,以意识模糊为主;一类是慢性的,以情感、思维或感知障碍为主。在反应性精神病的发作期,如果个体出现极度兴奋状态,有可能会冲动伤人;如果出现意识障碍或出现幻听、幻视、妄想,也可发生伤人毁物的事件。

5. 脑外伤精神病

在脑部受到外伤的病人中,会有一部分人出现精神病的症状,有时伴有癫痫发作。有研究发现,这种脑外伤引起的精神病与受伤的位置、受伤的程度以及受伤时的年龄有一定关联[①]。如额头受伤时特别容易发生痴呆,基底部受伤容易出现健忘;轻度脑外伤引起精神分裂症的比严重脑外伤引起的还要多;受伤时年龄越小越容易在以后的日子里出现精神病。脑外伤引起的精神病中,精神分裂症、类偏执狂精神病、脑震荡性精神病较为常见。病人还可能出现急性精神病或谵妄状态、抑郁性精神病、躁狂抑郁性精神病等。

脑外伤精神病者在出现意识蒙眬状态时,可能会因为意识范围狭小、判断力和理解力较差、情绪过度兴奋和躁狂而出现违法行为。脑外伤精神病者如果出现谵妄状态,可能会因为意识模糊、错觉或妄想以及伴有紧张、恐惧、敌对等情绪而出现破坏行为。有的脑外伤患者会出现癫痫发作、情绪不稳,容易激惹,也可能会突然发生违法犯罪问题。有的患者受伤后

---

① 顾牛范.脑外伤引起的精神病[J].国外医学参考资料·精神病学分册,1976(03).

智力下降,变得不明事理,不辨是非,出现盲目、冲动行为。严重脑外伤患者还有可能出现人格上的改变,原来理智、温和的人变得暴躁易怒,导致个体出现攻击行为。如果病人脑外伤后患上了精神分裂症或者类偏执狂精神病,则可能在妄想或偏执思维的支配下发生无端伤人及毁物事件。

6. 精神发育迟滞

精神发育迟滞又称智力低下,是先天的或儿童期的疾病引起的精神活动发育受阻。精神发育迟滞者涉及犯罪行为的主要是轻度和中度精神发育迟滞者,以轻度为最多。常涉及的案件类型有盗窃、性犯罪、抢劫、故意杀人等。轻度和中度精神发育迟滞者认知能力较差,但具备一定的行动能力。他们的犯案动机具有一定的现实性,以满足本能需求及生活需要为主,大多幼稚简单。作案前一般没有计划和预谋,带有偶然性和冲动性,案发后也缺少自我保护意识和手段。有相当一部分精神发育迟滞者犯案是受他人教唆。重度和极重度精神发育迟滞者一般较少出现犯罪行为,因为他们欠缺犯罪的能力。

三、精神病人的法律责任能力

个体达到一定年龄并精神健全,就开始具备刑事责任能力。但如果患有精神疾病,就会影响其刑事责任能力。我国刑法第18条分列4款规定了精神障碍者的刑事责任能力:"精神病人在不能辨认或者不能控制自己行为的时候造成危害结果,经法定程序鉴定确认的,不负刑事责任,但是,应当责令他的家属或者监护人严加看管和医疗;必要的时候,由政府强制医疗;间歇性的精神病人在精神正常的时候犯罪,应当负刑事责任;尚未完全丧失辨认或者控制自己行为能力的精神病人犯罪的,应当负刑事责任,但是可以从轻或者减轻处罚;醉酒的人犯罪,应当负刑事责任。"具体而言,不同类型的精神病人的法律责任能力可分为以下三种情况。

(一)完全刑事责任能力

精神病人的病情已经治愈,或者病情缓解,处于间歇期,病人的意识正常;轻度或边缘型的精神发育迟滞;无病与诈病。这三种类型的人在实施危害行为时,如果没有客观依据可以证明他们的辨认能力或者控制行为能力有明显的削弱,就应当判定为完全刑事责任。

(二)限定刑事责任能力

精神病未痊愈、部分缓解或残余状态;轻度及中度精神发育迟滞。这两类病人,在发生危害行为时,由于精神障碍使其实质性辨认能力或者控制行为能力明显削弱,但尚未达到完全丧失或不能控制的程度,应当负部分的刑事责任。

(三)无刑事责任能力

精神病发作期间或未痊愈;中度及重度、极重度精神发育迟滞或者轻度精神发育迟滞伴精神性发作;其他严重精神障碍,包括有严重意识障碍的癔症与病理性醉酒等。这三种病人在实施危害行为时,由于具有严重的意识障碍或智能缺陷,或精神病性症状,丧失了实质性辨认能力或控制能力,因而意识不到自己行为的危害性,应当判定为无刑事责任。

第十章 犯罪心理画像

第一节　犯罪心理画像概述

当一些案件，特别是系列案件发生的时候，人们会禁不住好奇：罪犯到底是什么样的？在一些知名论坛上，犯罪心理爱好者们曾经对 1996 年的"南大碎尸案"以及甘蒙"8·05"系列强奸杀人案有过热烈的讨论，相关的帖子成千上万。然而普通人只能靠自己的好奇心和零星的犯罪心理学知识做出猜测，对侦破悬案没有多大指导意义。有一批行为分析专家却发明了一种给犯罪人"画像"的技术，在学术界和民间都引起了一些关注。

一、犯罪心理画像的界定

犯罪心理画像也被称为犯罪侧写、犯罪人画像、犯罪人特征剖析等，是利用心理学的原理与技术以及统计学资料，结合犯罪现场勘察及其他相关信息，刻画和描绘犯罪人的个性心理特征、生活状态、习惯和行为规律，从而缩小侦查范围、锁定侦查对象的技术。犯罪心理画像在欧美等国家已经有一段应用历史，取得了一定的成绩，也带来了巨大的争议。在我国，李玫瑾等学者对犯罪心理画像的引进与推广做出了很大的贡献。需要注意的是，犯罪心理画像既不是神秘术也不是艺术，而是一门技术。它有一定的原理依据，也有自己的研究方法和程序，并不是随心所欲地猜测和估计。另外，犯罪心理画像虽然能对未知犯罪人的各项特征做出评估，仅靠心理画像是不能将犯罪人抓获的，它不能代替刑事侦查。并且犯罪心理画像需要在刑事侦查的进展中通过新获得的信息不断地做出修正。

二、犯罪心理画像产生的历史

早在 19 世纪初就有人试图对犯罪人的心理特征进行评估。当时的犯罪人类学家试图将犯罪心理与身体特征相联系。但它成为一种系统的技术还要归功于美国联邦调查局（FBI）。20 世纪 50 年代以来，由于社会矛盾突出，经济和生活压力大，造成美国的犯罪率急剧上升，尤其是每年都有一定数量的凶杀案，给警察机构带来了巨大的舆论压力。为了克服一些案件侦破上的难题，警方开始与心理学家合作，试图缩小侦查对象的范围。这些合作取得了惊人的效果，最令人津津乐道的就是布鲁塞尔博士对纽约"炸弹狂人"的精准分析。1972 年，美国联邦调查局的杰克·科斯奇成立了行为科学部（BSU），随后一些著名的专家，如迪克·奥特、约翰·道格拉斯、罗伯特·雷斯勒等人加入，通过重点研究犯罪行为背后的犯罪人个性，最终成为一种犯罪现场分析的技术。FBI 最初的研究成果是一项针对 36 名判刑入狱的性犯罪杀人犯特征的分析。这是组建犯罪心理画像数据库的开端。后来行为科学分析组逐渐发展成了一支由社会学家、心理学家、统计学家等组成的团队。他们的工作成绩卓著，所列出的犯罪人特征对侦破案件非常有用，让 FBI 的犯罪心理画像工作声名大噪。

三、犯罪心理画像的理论基础

犯罪心理画像的理论基础主要是心理学原理和法庭科学。

（一）心理学原理

根据行为主义的原理，个体会在后天环境中形成稳定的行为反应模式。这种反应模式可以反映出个体的生活经历和所受的训练。人的犯罪行为实际上是犯罪人面对刺激情境时出现的一种行为反应，这种行为反应具有个性化和稳定性的特征。因此可以根据犯罪现场留下的行为痕迹推测犯罪人的个人特征。

精神分析理论对犯罪心理画像也深有影响。根据精神分析学派的观点，早年的心理创伤会影响个体以后的人格发展，犯罪活动是早年心理创伤和个体的潜意识内容的体现。通过分析犯罪人当前的犯罪行为可以推测其潜意识的犯罪动机以及早年的创伤经历。

（二）法庭科学

法庭科学又称司法科学，是把自然科学和社会科学原理和方法运用到刑事司法活动之中的交叉学科。法庭科学应用现代科学技术，搜集和检验与犯罪有关的物证，为揭露和证实犯罪提供证据，具有通过常规调查无法取代的地位。只要罪犯曾出现犯罪现象、只要罪犯曾在现场活动、只要罪犯与被害人及现场物品之间发生联系，就必然能够通过技术识别和实验室检验的方式揭示这些现象。就像罗卡定律所言："凡两个物体接触，必会产生转移现象"。

四、犯罪心理画像的分析依据

（一）犯罪行为

个体的犯罪行为是受犯罪心理支配的，犯罪行为是犯罪心理的体现。如果要进行准确的犯罪心理画像，首先要对其犯罪行为有深入、全面的了解。对犯罪行为的认识，主要是通过犯罪现场重建来实现的。犯罪现场重建，又称犯罪重建或现场重建。但它并不仅仅是对犯罪现场的复现，而是以犯罪现场勘查为基础，综合运用多种科学的侦查方法（临场分析、物证检验、情报信息、侦查试验等）以及合理的逻辑推论，分析现场物证之间的相互关系，以获得对犯罪情节乃至全部犯罪过程的明确认识。犯罪心理画像需要在犯罪现场重建的基础上对犯罪人的个人特征进行推论。

（二）犯罪心理痕迹

犯罪现场重建固然重要，但在有些情况下，犯罪现场的重建会遇到很多困难。例如经验丰富的犯罪人可能转移了犯罪现场或者对现场做了严格的清理，没有留下明显的实物痕迹。但是，根据物质交换和转移原理，只要犯罪行为发生了，必然会导致物质环境发生变化，也就是说，凡是与现场接触过的人或物，必定会留下痕迹。这个变化了的环境，就蕴含了犯罪人的犯罪心理信息。犯罪行为作用于犯罪现场空间而引起的一切能揭示犯罪心理的现象和状态，统称为犯罪心理痕迹。

犯罪心理痕迹是犯罪心理的外在表现，是对其个性特征和行为习惯的反映。不同的犯罪人有不同的犯罪心理,其犯罪心理痕迹也有不同的表现。犯罪心理痕迹包括以下几种类型①。

1. 实物型犯罪心理痕迹

每一个留在犯罪现场的现场物证都是犯罪人犯罪行为的客观记录,都能"折射"犯罪人的心理,体现犯罪人的个人风格。只要实物痕迹的某些特征能够反映犯罪人实行犯罪行为时的心理,这些实物痕迹就可以成为实物型犯罪心理痕迹。例如犯罪现场留下的犯罪工具的痕迹,可以反映出犯罪人使用这种工具的技能高低,是惯犯还是初犯。

2. 言表型犯罪心理痕迹

犯罪嫌疑人在接受调查和审问时,其言语、表情、神态和动作都蕴含了丰富的信息,是其犯罪心理的折射。有经验的侦查人员往往从这些言表信息中发现其真实的心理状态,找到询问的突破口。

3. 印象型犯罪心理痕迹

犯罪行为发生后,遗留在被害人、知情人大脑中对犯罪过程和已消失的实物痕迹的感知和记忆称为印象痕迹。印象痕迹既包括对作案人的体貌、言语、行为过程的感知和记忆,也包括对与犯罪有关的各种现象、状况(如火光、声响、气味)以及已消失的实物痕迹的感知和记忆。当印象痕迹能反映犯罪人的犯罪心理信息时,这些印象痕迹可以被称为印象型犯罪心理痕迹。

4. 生理型犯罪心理痕迹

犯罪行为发生后,不但会给受害者、知情者留下心理上的印象,也会给犯罪人的心理活动带来影响,这些心理活动可以通过生理指标反映出来。因此通过犯罪嫌疑人生理指标的测试,可以发现其犯罪心理痕迹。例如通过测谎仪器,可以测试嫌疑人在接触与案件相关的信息时的生理反应,进而推断其是否实施过犯罪行为。

 专栏

用测谎仪侦破奇案

1992 年至 2006 年,山西阳泉市发生了多起变态杀人案。共有 12 位无辜女性被残害,其中 9 人死亡,3 人重伤,案件全部发生在 1.5 平方公里的范围内。凶手既没有抢夺受害者的财物,也没有性侵,只是残酷伤害,凶手被警方判定为严重心理变态。由于凶手没有留下任何物证线索,也没有任何目击证人,使得该案看上去成了谜案。

2001 年 10 月 10 日,又一位女性郭某被残酷杀害之后被抛尸,但这件案子让警方终于抓到了凶手的蛛丝马迹。警方在现场勘查中发现,被凶手早前抛弃的受害者的内脏中有很多蛆虫,而几个小时后被抛出的受害者的脸皮上却只有一只蛆虫。由此警方判断凶手有冰箱、冰柜之类的冷藏工具,同时凶手极可能独居,或者放置尸体的冷藏工具在别的居所。从抛尸的时间来看,凶手有可能就在现场附近,看着警察清理完现场后再将另一部分尸体抛出。凶手似乎对自己犯案多次却逍遥法外感到很是得意。

---

① 吕云平.犯罪心理画像的技术路线[J].湖南公安高等专科学校学报,2008(02).

警方以"有冰箱、独居"作为筛查凶手的重要标准。最后专案组找到 19 个符合条件且有重大嫌疑的人。但由于缺少证据,对这 19 个人展开全面侦查难度极大。于是警方邀请中国人民公安大学的心理测试专家参与破案。专家翻阅全部案卷后,找出一个极不引人注意的细节:受害人之一的郭某尸体被发现几天后,一个老太太在路上捡到一个塑料袋,里面装着一双女鞋、一串钥匙和一个衬衫上的假领子。经郭某家人辨认,这些物品正是郭某的。但这个情节,除发现者及郭某家属外,只有警方和凶手知道。测试题目便围绕这个情节展开。

2006 年 3 月某日,第一轮测试开始。第一个被测试的嫌疑人叫杨树明。杨树明穿着普通,举止文明,神态安静。他的家离郭某的被害现场最近,而且他下岗后自己盖了一间房子用来工作,房间里有冰箱。因此杨树明被列为重点怀疑对象。在实施测试中,杨树明对那些与塑料袋内物品有关的题目反应异常,对虐待尸体的细节问题也有异常反应。心理测试专家和专案组分析过所有测试者的图谱之后,排除了其他 18 人。

数日后,专案组与心理测试专家商量再出一套题,想测试杨树明把凶器藏在什么地方。但杨树明坚决不再接受测试。随后公安局将杨树明拘审。犯罪嫌疑人杨树明交代杀人动机是为了报复社会。从他的家中,警方发现了 20 多把各种样式的尖刀。

五、犯罪心理画像的内容

犯罪心理画像要揭示的犯罪人特征包括以下几个方面。

(一)犯罪人的生物学特征

犯罪心理画像需要描绘刑事侦查需要的、犯罪人作为生物体的性质和形状,包括犯罪人大致的身高、体重、体型类别、肤色深浅、头发颜色等。杨新海、赵志红等人的犯罪习惯是将受害人先杀死再强奸、抢劫,这反映出犯罪人的身材弱小,需要先将受害人杀死才能保证自己的安全。

(二)犯罪人的人口学特征

根据已有的信息,犯罪心理画像需要推测犯罪人的一些人口统计学特征,比如性别、年龄范围、种族、婚姻状况等。强奸犯罪人多为青壮年单身男性,这就是对这类犯罪人的人口学特征的总结。

(三)犯罪人的社会学特征

社会学特征包括职业类型、受教育程度、居住场所、家庭特征、社会兴趣、生活方式等可以反映犯罪人的社会身份、地位的信息。例如甘蒙"8·05"系列强奸杀人案中,虽然案件的重点是杀人、强奸,但几个犯罪现场有被翻动的痕迹,有侵财的迹象,反映出犯罪人的经济状况不佳。"微笑杀手"赵志红喜欢在城市的平房地带犯案,反映出他对楼房环境不熟悉,平房是他熟悉的居住环境,也是他所居住的环境。

(四)犯罪人的心理学特征

根据刑事行为证据,犯罪心理画像可以揭示犯罪人的心理学特征包括其智力水平、气质类型、性格特点、心理健康水平、行为习惯等。如果犯罪行为是经过精心策划的,可以反映出犯罪人的智力水平不错,性格沉稳。

（五）犯罪人的犯罪学特征

犯罪学特征反映犯罪人的犯罪水平、反侦查能力等。犯罪心理画像需要分析犯罪人是否有过犯罪前科、是否为职业惯犯、具有何类犯罪经历等内容。如果犯罪现场没有留下明显的物证,显示出犯罪人有反侦查能力,一般不是第一次犯案。FBI曾经分析过连环杀手童年期多有纵火、虐待动物的经历,这就是对犯罪经历的分析。

第二节 犯罪心理画像的逻辑方法

犯罪心理画像技术主要分为归纳式犯罪心理画像技术和演绎式犯罪心理画像技术。

一、归纳式犯罪心理画像技术

归纳式犯罪心理画像技术是根据以往案件中的犯罪人、受害人、犯罪现场所提供的信息,包括个性心理特征、行为特征、情绪情感特征以及其他的人身方面的一般特征,来描绘目前的案件中犯罪人、受害人的特征以及犯罪现场的特征。这种技术的最大支持是以往犯罪案件的资料库,即以往的犯罪统计学数据。

归纳式犯罪心理画像技术的理论假设是:在同一类型的犯罪行为中,正在调查的未知身份的犯罪人与以往已经查明身份的实施了同样犯罪行为的犯罪人,具有相似的个人特征,例如他们具有相似的生存环境和文化背景,具有相似的犯罪动机,并且犯罪行为和犯罪动机具有稳定性和可预测性,在犯罪人的一生中不会有特别显著的变化。因此可以对已有样本中的罪犯特征进行统计分析,然后对未知犯罪人的特征进行概括和预测。

在这个过程中,已有犯罪样本的统计资料是形成归纳推理的前提条件。这些资料主要来源于三个方面。一是借助各种研究方法,对在押罪犯的各项特征做出分析;二是犯罪心理画像工作人员已经具备的知识和经验;三是对各种公开信息来源的分析,例如新闻报道中的各种犯罪人情况。在对这些资料进行统计分析的基础上,可以形成对某种犯罪类型一般犯罪人的特征与动机特点的分析。然后可以借助这些分析结果,对现有的同类犯罪案件的未知犯罪人的一般情况做出推测。这种画像技术大概可以推断出未知犯罪分子的性别、年龄、文化背景、社会经济地位、家庭婚姻状况和职业等。

这种方式的犯罪画像技术可谓优劣并存。首先,归纳式的理论假设具有一定的合理性,它看到了同类犯罪案件之间的共性特征。通过对以往犯罪案件信息的总结可以得出一些犯罪心理学的一般规律,对现有的案件有一定的指导意义。无疑,这种画像技术可以缩小刑事侦查的范围,提高侦查的效率。其次,归纳式的犯罪画像技术简便易行。画像人员可以不用掌握庞大而复杂的法庭科学知识和侦查技术,仅依据已有的统计资料就可以进行推测,可以迅速地完成画像任务。

但这种简洁的犯罪画像技术的实际效用备受质疑。

第一,对以往犯罪资料库的建立是个庞大的工程,没有一个大范围的样本,对各种犯类型的各项特征进行归类整理就很难做到。在犯罪心理画像发展的初期，计算机和网络还没有普及，已有的犯罪资料非常有限，仅包含了侦查辖区内的有限的案件。在这些样本的基础上推测出的犯罪人的一般特征，其代表性不够，不好做大范围的推广。不过，在计算机和网络普及的今天，这一缺点在某种程度上可以被慢慢改善，人们将逐渐获得越来越多的犯罪人的信息。

第二，归纳式犯罪心理画像技术过多地看重了现有案件与已有案件的共同性，对现有案件的特殊性关注不够。世界上没有完全相同的两片树叶，也没有完全相同的人，自然也不会有完全相同的案件。每个案件总有自己的特殊之处，正是这些特殊之处的存在，可能会让归纳式的犯罪心理画像对当前案件侦查人员的指导价值较低。根据以往案件的归纳得出某类案件的一些规律性特征，但符合这些条件的人实在太多，根本无法指向特定的个体；而且，以往案件的规律性特征只能反映当前案件具备某些特征的概率，不是必然的，当前案件很可能是个例外。2003年，美国路易斯安那州一个恶贯满盈的连环杀手德里克·托德·李被逮捕入狱。但公众对此事反应不一，有人感到愤怒。因为这个罪犯已经多次作案，警方却迟迟不能将其逮捕。警方对此给出的一个理由是，FBI提供的心理画像认为杀手是个白人，现实是，杀手是个黑人。

第三，犯罪特征评估的主观性。即使是同一类型的案件，其犯罪行为和犯罪动机也有很大的差异。每个工作人员的知识结构不同，他们对案件类型、行为类型和动机类型的评价和归类可能会存在一定的主观性。以连环杀手的分类为例，有的专家将连环杀手分为有组织能力型和无组织能力型（也称二分法）。后来人们发现这种分类太过简单，Holmes等人将其分为幻想型杀手、使命型杀手、享乐型杀手以及力量控制型杀手（也称四分法）。但不管是二分法还是四分法，都不能概括所有的杀手类型，总有些人无法归类。不同的专家对同一案件的理解可能会出现差异，其所依据的分类标准也不统一，对犯罪特征的评估就充满了主观性，这种主观性自然影响了犯罪心理画像的应用效果。

二、演绎式犯罪心理画像

因为归纳式犯罪心理画像技术固有的缺陷，导致人们对这种形式的心理画像技术很快丧失了信心。20世纪90年代以来，犯罪心理画像技术与法庭科学原理相结合，在犯罪重建理论的基础上形成了更为科学的演绎式犯罪心理画像技术。犯罪重建可以重现犯罪过程和犯罪行为，但这只是告诉人们现场"发生了什么"和"怎样发生"，无法说明犯罪人的犯罪动机和具体的个人特征，即不能告诉人们"犯罪为什么会发生"和"是什么人实施了犯罪行为"[①]。演绎式犯罪心理画像技术就是在犯罪重建的基础上，回答这些问题。

演绎式犯罪心理画像技术是通过对法庭科学证据（犯罪现场照片、验尸报告、犯罪人与被害人之间的冲突等）的研究，准确地重建犯罪人在犯罪现场的行为痕迹，并根据这些独特的、个性化的行为痕迹，对犯罪人的犯罪动机和各项特征（个性、情感、人口学特征等）进行推断。

演绎式犯罪心理画像技术的理论假设是：每一个犯罪行为的背后都有犯罪动机的推动；

---

① 王国民，马静华.从现场分析到犯罪重建与犯罪画像——犯罪分析理论述评[J].中国人民公安大学学报，2003（01）.

每个犯罪行为都具有独特性,即使是同类犯罪,不同犯罪者之间的犯罪动机和犯罪行为也具有差异性;每个犯罪人的生长环境和遗传因素不同,其行为特征具有差异性;犯罪者在长时间内反复实施某种犯罪行为,其犯罪手法也会发生变化。以上述假设为前提,演绎式犯罪心理画像特别重视眼前案件的独特性,重视分析法庭科学证据、犯罪现场特征以及犯罪人、受害者之间的互动关系等,在这些分析结果的基础上对犯罪人的特征进行推断。

演绎式犯罪心理画像技术的独特之处在于,通过对犯罪手法和签名式犯罪行为的分析来推断犯罪人的人格特征。犯罪手法是犯罪人习惯性的、经学习而形成的、实施犯罪所必要的行为,又称犯罪模式。随着经验的增加,犯罪人的犯罪手法会发生变化。比如"微笑杀手"赵志红,在早期的案件中留下了指纹等个人物质痕迹,但在 2005 年的案子中,他就学会了使用手套,并消灭其犯罪痕迹。

签名式行为又称仪式性行为,具有高度的个性化,每个犯罪人的签名式行为都能反映其独特的个性特征和行为经历。签名式行为包括选择性行为与多余行为。犯罪人明明有多种犯罪方式可以选择,但他偏偏选择了某种行为,这种选择性行为就是符合其人格特点的。例如,犯罪人会选择特定的作案时间和地点。犯罪时间的选择可以反映出犯罪人活动的规律,例如甘蒙"8·05"系列强奸杀人案中的高某某选择白天犯案,反映出其在白天可以自由活动的规律,这是因为他是个进城打零工、没有正式职业的农民。犯罪地点的选择可以反映出犯罪人对周围环境的认知模式,许多罪犯会选择自己熟悉的、令其有掌控感的地点。山西阳泉的杨树明在 14 年内杀害了 14 人,作案范围仅在其住所周围 1.5 平方公里范围内。有的犯罪人会选择某种作案工具,例如有的罪犯喜欢用刀具,有的专门持枪抢劫。有的犯罪人会选择某一类型的受害者,例如美国的泰德·邦迪主要以出生富裕家庭的白人年轻女性为侵害对象。另外,犯罪人还会在不同案件中表现出一定的犯罪顺序,以特定的方式处理尸体和犯罪现场等。多余行为则是指那些实施犯罪所不需要的行为,以犯罪人表现出的一些变态行为最为典型。例如有的犯罪人把已经死亡的受害者以某种特殊的方式捆绑起来,有的人会在犯罪现场带走一些"纪念品"。这些行为显然并不是实施犯罪所必需的,而是具有某种变态心理意义的仪式性的行为。

与归纳式犯罪心理画像技术比较,演绎式犯罪画像技术具有以下特点:

第一,逻辑思路不同。归纳式犯罪心理画像技术的逻辑思路是从个别到一般,演绎式犯罪心理画像技术的逻辑思路是从一般到个别。演绎式犯罪心理画像技术注重对犯罪现场个别现象的分析来确定当前案件的特征,而不是依赖于过去案件的统计分析。

第二,演绎式犯罪心理画像技术注重现实案件与其他同类案件的不同之处,即注重"个性"。演绎式犯罪心理画像技术注重犯罪现场的独特之处和犯罪人的个人特征,这些都是个性化的,是其他同类案件所不具备的特点。归纳式犯罪心理画像技术注重的是现实案件与以往同类案件的共同之处。

第三,注重对犯罪人主观特征的分析。犯罪人的主观特征,尤其是犯罪动机和犯罪人格,是特别重要的突破口。每个犯罪行为背后都有其独特的犯罪动机,犯罪动机又与犯罪人的特殊人格特征相关。演绎式犯罪心理画像技术可以根据法庭科学理论推断犯罪人独特的主观特征。

第四,演绎式犯罪心理画像技术可以不断地修正、完善分析结果。随着犯罪的重复发生和调查过程的深入,会有新的资料不断地补充进来,这时就需要行为分析专家重新对画像的结果进行修订,使之更加符合实际,并且越来越具体化。这样的犯罪心理画像技术得出的结论,会比归纳式犯罪心理画像技术得出的结论更真实、具体,能有效地缩小嫌疑人的范围,对侦查工作提供更有力的帮助。

演绎式犯罪心理画像技术也有其不足之处。第一,演绎式犯罪心理画像技术不注重现实案件与以往同类案件的共同之处,也不重视对以往案件情报信息资料库的建设,缺少对同类案件共同规律的研究。第二,演绎式犯罪心理画像技术对画像技术人员的要求特别高,需要具备全面的、专业的刑事侦查理论知识和司法技能训练以及法庭科学系统培训,还需要具备多年的刑事侦查实践经验,否则就无法完成任务。因此演绎式犯罪心理画像技术不如归纳式犯罪心理画像技术简便易行。

需要注意的是,不管是归纳式犯罪心理画像技术,还是演绎式犯罪心理画像技术,都不是全面的犯罪分析,不能独立运用。现实的案件既具有与其他同类案件一致的共性特征,也具有与众不同的个性特征。只有将两种犯罪画像技术综合运用,才能得出更为科学、合理的结论。

第三节 犯罪心理画像的应用

一、犯罪心理画像的应用条件

犯罪心理画像并不是在任何时候都可以应用的。它的应用至少应该建立在三个条件的基础之上。

(一)案件类型

并非所有的案件都适用犯罪心理画像。罗纳德·布莱克和大卫·坎特等学者经过统计和研究,发现犯罪心理画像技术在凶杀等暴力犯罪以及强奸等性犯罪中应用较多。罗纳德·福尔摩斯则认为有七种犯罪行为适合应用犯罪心理画像:强奸、性虐待或性攻击、恋童癖犯罪、激情犯罪、涉及深度砍伤或肢解的凶杀行为、掏挖内脏或器官的凶杀行为、仪式主义的犯罪行为[1]。我国学术界一般认为犯罪心理画像适合应用于以下八种犯罪行为:故意杀人及故意伤害行为、性伤害行为、抢劫行为、绑架行为、敲诈勒索行为、纵火行为、爆炸行为、投放危险物质行为[2]。

尽管学者们指出了一些适合应用犯罪心理学画像技术的犯罪类型,但这并不意味着在这些犯罪行为中用到了犯罪心理画像技术就一定能够找到凶手,例如一桩杀人案通过犯罪心理画像技术刻画了犯罪人的主要特征,但它并不能告诉侦查人员凶手到底是哪个人;也不能说其他的犯罪类型就不能应用犯罪心理画像技术。例如诈骗、盗窃、邪教犯罪等犯罪类型就不在我国学术界列出的八种犯罪类型之中,但犯罪心理画像技术的技术人员依然可以根据这些案件中的犯罪人留下的信息和线索刻画出其基本特征。总之,不管是哪种犯罪类型,

---

[1] 保罗·布里顿.辨读凶手:一位犯罪心理学大师现场推理实录[M].李斯,译.海口:海南出版社,2001.
[2] 甘莉.犯罪心理画像的理论与应用研究[D].上海:上海大学,2014.

只要搜集到的证据资料和痕迹信息能够反映出犯罪人的个性心理特征和行为特征，就可以应用犯罪心理画像技术。学者们能够总结出比较适合使用犯罪心理画像技术的犯罪类型，是因为在这些犯罪类型中，犯罪人留下的信息资料一般带有较强的个人色彩，能够反映出其人格类型和行为特点。

（二）侦查条件

犯罪心理画像工作不能代替侦查工作，犯罪心理画像技术的技术人员也不能代替侦查人员。相反，侦查人员通过其刑事侦查工作得到的现场资料及其他与案件相关的资料，对案件的每一个基本信息和细节问题的记录，是犯罪心理画像能够成功进行的基础条件。犯罪心理画像的成功要依赖于侦查工作的成功。同时，犯罪心理画像算是侦查工作的一个组成部分。侦查人员根据犯罪心理画像技术人员刻画的犯罪人的信息进行排查，在排查过程中不断反馈新的信息，使得犯罪心理画像的工作得到进一步的修正。

（三）对画像工作人员的要求

犯罪心理画像作为一门技术，其应用涉及犯罪学、犯罪心理学、人类学、社会学、生理学、社会心理学等众多的学科知识，还需要工作人员具备全面的、专业的刑事侦查理论知识和司法技能以及法庭科学知识，再加上长年的刑事侦查实践经验，可以说对画像工作人员的要求极高。除了众多的专业知识和技能，还要求工作人员具备客观、公正的态度，不能存在先入为主的主观偏见，也要求工作人员具有高超的逻辑推理能力。

二、犯罪心理画像技术的典型操作方法

（一）FBI现场分析方法

FBI高级探员道格拉斯提出的犯罪画像方法称为犯罪现场分析法，是以两分法（把连环杀人凶手分为有组织能力型和无组织能力型两种）为基础的。综合来看，现场分析法就是将已有数据库中的信息和待处理案件中得到的信息（包括警方提供的犯罪现场报告和被害人报告）相结合，得出犯罪人的心理画像，其重点是推断犯罪人的犯罪动机和人格特征。要进行这种推断，需要承认两个前提。一是承认犯罪人的人格特征具有稳定性，二是承认对犯罪现场证据的正确分析可以揭示犯罪人的人格类型。现场分析法在实践中成功解决了很多著名案件。其具体操作过程可以分为以下六个步骤。

1. 画像输入

在前期充分的侦查工作基础之上，工作人员对来源于现场的所有信息资料进行整理、评估和筛选，提取对画像有用的信息。

2. 决策过程模型

这是上一个阶段的延续。对所有现场信息进行输入和提取之后，要把案件进行分类并列出主要问题，例如，该案件是什么类型？是否属于系列案件？几个案件之间是否有共同特征？犯罪人的犯罪动机是什么？犯罪人与受害人是何关系？发现尸体的现场是否就是案发现场？

3. 犯罪评估

将各种侦查报告和证据信息进行对比分析,将分析所得结果与情报信息系统中的数据进行对比,得出当前案件与以往案件的共同之处,尝试对犯罪人和受害人的行为进行重建并得出重要结论,比如犯罪人与受害人之间的互动关系,犯罪人在犯罪现场的活动过程等。

4. 犯罪人心理画像

这是最核心的阶段,主要任务是根据前三个阶段的成果,初步刻画描绘出犯罪人的人格特征和一般信息,包括性别、年龄、体态特征、种族、婚姻状况、职业、受教育程度、居住条件、家庭背景、社会关系、经济情况、过去的犯罪经历等。

5. 根据画像结论进行调查

侦查人员根据画像技术人员提供的画像结论,确定犯罪嫌疑人的范围,对符合条件的犯罪嫌疑人展开调查。在侦查过程中,侦查人员会将新的调查信息反馈给画像技术人员,进一步修订或补充画像结果,有时甚至需要推翻以前的结论重新进行画像。

6. 逮捕及审讯

根据画像结果锁定的犯罪嫌疑人被捕之后,警方继续根据画像工作提供的信息对嫌疑人进行有针对性的审问,并将这一阶段调查出的结果与画像结论对比、验证。

现场分析法建立在归纳式犯罪心理画像技术的理论基础之上,在其产生的初期确实取得了一定的成功,但后来受到很大的质疑。现场分析法对已有的犯罪情报数据信息和犯罪人特征分类太过依赖,但由于技术的限制,早期的犯罪情报数据信息是不够完整和准确的,对犯罪人特征的分类也不完善。并且这种方法对工作人员的主观经验、个人能力依赖程度很高,缺少统一的、规范的、标准化的模式。另外,许多研究者认为现场分析法的应用范围有限,主要适用于分析谋杀、强奸等极端暴力或极度变态的案件,对比较一般的犯罪类型则没有很大的帮助。因此这种方法的缺陷很大。

(二) 布伦特·E.特维的行为证据分析法

美国的犯罪心理画像技术专家和法庭科学家布伦特·E.特维于20世纪90年代末提出了行为证据分析法。该方法是建立在演绎式犯罪心理画像技术理论基础之上的。行为证据,是指任何有助于确认某事件或某行为是否发生、如何发生以及何时发生的物证[①]。在一定条件下,任何形式的物证,包括脚印、血迹模式、指纹、精液、伤口形态、药物等都是行为证据。行为证据分析就是通过物证和行为证据分析得出犯罪行为模式,从犯罪行为模式中推断犯罪人特征的过程。布伦特·E.特维认为行为证据分析法要从刑事和行为证据分析、被害人研究、犯罪现场特征和犯罪人特征四个方面入手。行为证据分析法也分为六个步骤。

1. 观察阶段

针对某一个现实案件,对其犯罪现场证据、受害人特征、物证的实验室分析结论等进行全面而详细的分析与观察。

2. 搜集信息

根据观察结果,确定所要搜集、筛选和检验的证据资料。

---

① 塞璐亦.犯罪心理画像的方法——犯罪现场分析法与行为证据分析法之比较[J].河南司法警官职业学院学报,2006(4).

3. 形成假设

在前两个阶段的基础上，初步形成关于犯罪人特征的一个假设。在这一步，一般需要提交一个书面的初步评估报告，其中包括已知的证据信息、被害人的深度研究、犯罪人的行为模式、个性化特征，以及潜在的犯罪动机等。

4. 验证假设

将已有的评估结果与现实案件中的真实信息进行对比，确认犯罪嫌疑人的个性化特征，并根据实际的侦查结果所提供的新信息对原来的评估做出修正。

5. 解释结果

对所有的案件材料进行梳理，排除原来评估结果中那些没有现实证据资料支持的犯罪人特征，保留评估结果中有现实证据支持的犯罪人特征。

6. 形成结论

在上述五个阶段的基础上，得出画像结论，包括犯罪人的年龄、性别、体态以及婚姻状况、社会关系、人格特征等信息。

行为证据分析法具有现场分析法不具备的一些优势。它对以往犯罪信息数据库和犯罪人分类并不依赖，而是根据现实案件的具体特征进行推论，遵守严密的逻辑推理规则，减少了主观臆测的成分。行为证据分析法对技术人员的要求很高，需要具备多种学科的知识和多方面的技术，这样可以提高犯罪心理画像结论的可靠性。但这种方法也有其不足之处。例如，行为证据分析技术对犯罪现场、证据、犯罪人与受害人互动关系的重视，使人容易将行为证据分析法得出的犯罪心理画像工作与一般的侦查工作相混淆。另外，布伦特·E.特维的行为证据分析法忽视了归纳式犯罪心理画像技术所具有的价值和优势。

三、犯罪心理画像所面临的挑战

（一）犯罪心理画像的准确性问题

犯罪心理画像的准确性受很多因素的影响。例如，犯罪情报数据库的完善情况、对犯罪现场证据的挖掘程度、侦查信息的及时更新与否、技术人员的经验等。这些影响因素中，只要任何一个部分出现一点问题，就可能会造成整个画像工作前功尽弃。因此，通过犯罪心理画像技术获得准确的犯罪人的信息是很难的。

（二）犯罪心理画像的实际效用被质疑

犯罪心理画像技术吸引了媒体、民众和学术界高度的关注，但其实际效用有多大？Jackson等人在对184例使用犯罪心理画像技术的案件进行调查分析后发现，仅有2.7%的案件通过这项技术被侦破，而17%的案件中，这项技术没有发挥任何作用。在61%的案件中，画像技术似乎只是用来帮助办案人员理解案件或犯罪人。White等人在对200名连环杀手案件进行统计分析后得出：71.5%的连环杀手是由于目击者或生还受害者所提供的信息才被警方逮捕归案，并且在所有样本中，无一例杀手是仅仅依靠犯罪心理画像而被抓获的[1]。我们所看到的犯罪心理画像被成功运用的例子,似乎成了少数的个案。由于科技的发展迅速,在有一定物质证据的情况下,警方可以绕过烦琐的犯罪心理画像工作,仅靠物质证据就能准确地找到犯罪人。换个角度来看,轰轰烈烈的犯罪心理画像技术,也许只能在案件侦破中扮演一个配角,并且这个配角的功力经常发挥不稳定。依靠高科技对犯罪现场的物证进行检测才是抓获凶手的最大利器。

 专栏

刑事侦查新时代的到来
——甘蒙"8·05"系列强奸杀人案的启示

甘蒙"8·05"系列强奸杀人案,即民间著名的"白银案",经过警方28年的努力,终于在2016年的夏天成功告破。这宣告了一个新时代的来临。

"白银案"是让中国人悬心多年的奇案,更是白银人28年的心理伤痛。从1988年到2002年,白银市共有10名女性被人用相似的手法杀害,而在内蒙古的包头市,也有一位女性被人用同样残忍的方式杀害并遭受强奸。根据现场留下的证据,这11起案子应该是同一人所为。凶手多次行凶,却从没有被他人撞见;在10起案件中留下了脚印、精液、指纹等重要证据,警方倾尽全力搜查,却找不到人。2002年最后一起案件之后,凶手销声匿迹。

在信息不发达的年代,多起凶案的发生给当地人带来了巨大的伤痛和恐慌,也产生了数不清的流言。到了网络信息发达的时代,许多犯罪心理爱好者根据这些真真假假的信息,在各大网络论坛上对此案真相讨论不休、猜测不断。高智商犯罪?凶手有刑侦经验?恋爱受挫专杀某一类型的女子?停手是因为心理创伤愈合还是凶手已经死亡?

警方也向心理学家求助。根据外国学者的研究,这种连环杀手未婚、独居者多,性格内向。可这样的人千千万万。随着凶手的收手隐匿,这个系列强奸杀人案似乎成了悬案,难以侦破。就在大家对凶手痛恨不已、好奇心难耐却无可奈何的时候,2016年3月警方突然宣布案件重启侦查,并且不久之后依靠染色体Y-DNA检查,将凶手范围锁定为兰州市某个村庄的高氏家族中的男子。在经过抽血化验、指纹比对后,确定凶手就是曾经在白银市打工如今也生活在白银市,户籍却在兰州所辖农村的高某某。犯罪嫌疑人高某某在被捕后对犯罪事实供认不讳。

无论是警方,还是关注案件的普通人,都对这个结果惊奇不已。犯罪人已婚,有正常的家庭生活,除性格内向符合大家的猜测外,其他的猜测都与事实差距太远。而他的犯罪过程更谈不上高智商,除一起案子清理过现场外,其他案子都留下那么多证据,算不上聪明谨慎。他能逃脱那么多年,一是因为"运气"好,二是因为当时的办案条件确实落后。而他的落网,仅仅是因为科技发达到仅靠Y-DNA检测就可以在茫茫人海中锁定与犯罪嫌疑人有关的信息。

在这个案子中,如果依靠犯罪现场提供的证据做犯罪心理画像,不管得出的结论准确与

---

[1] 张磊,张萌,王姝阳,等.犯罪心理画像技术的科学性探索——来自实证研究的证据[J].心理技术与应用,2014(12).

否,警方都难以找到具体的凶手。而仅靠 Y-DNA 技术就可以将范围缩小至某个村庄的一个家族里的成年男性,再对这有限的男性成员做 DNA 比对,找到凶手简直易如反掌。像"白银案"这种曲折离奇的案件,只是科技不发达时代的产物。如今的各种谋杀案,不管凶手多么狡猾,不管现场做过怎样的清理,都难逃法网。犯罪人无意中喷出的一丁点儿唾沫星子,或者临走前抹在窗帘上的一把鼻涕,或者情急之下撒的一泡尿,仅靠这零星的一点物证,警方就可以让凶犯无所遁形。在科技面前,罪犯们显得不那么聪明了。

参考文献

[1] 罗大华,李德,赵桂芬.犯罪心理学[M].北京:北京师范大学出版社,2012.
[2] 吴宗宪.萨瑟兰的不同接触理论简介[J].犯罪与改造研究,1988(04).
[3] 田丰.默顿社会失范理论研究[D].湘潭:湘潭大学,2010.
[4] 张杜.赫希社会控制理论研究[D].湘潭:湘潭大学,2013.
[5] 冯江平.国外关于挫折心理理论研究述评[J].河北师范大学学报(哲学社会科学版),1993(01).
[6] 梅传强.犯罪心理学[M].2版.北京:法律出版社,2010.
[7] 马骁.犯罪时间研究[J].青少年犯罪问题,1994(05).
[8] 陆娟,汤国安,蒋平.犯罪均值频率——一种犯罪时间分布的测度指标[J].中国人民公安大学学报(社会科学版),2012(03).
[9] 翟英范,翟化夫.犯罪控制论之犯罪时间[J].河南公安高等专科学校学报,2005(02).
[10] 张海芳.男性青少年犯罪与家庭环境、生活方式和心理健康的关系及干预对策的研究[J].西安:陕西师范大学,2006.
[11] 钟伟芳,刘洪.家庭状况、社会支持与青少年犯罪的关系[J].法制与社会,2016(15).
[12] 宗焱,张泉水,张大力,等.未成年抢劫罪犯与其他类型罪犯家庭亲密度和适应性比较研究[J].中国健康心理学杂志,2009(4).
[13] 史慧静,张喆,夏志娟,等.大学生既往校园欺负行为与心理健康现况的关联[J].中国学校卫生,2015(02).
[14] 王沛.实验社会心理学——理论·方法·实践[M].兰州:甘肃教育出版社,2002.
[15] 陈和华.犯罪心理学[M].北京:北京大学出版社,2016.
[16] 孙晓雅.颅相学:两个世纪的魅影[J].成都师范学院学报,2015(05).
[17] 蒋浙安.论龙勃罗梭的犯罪学思想[D].合肥:安徽大学,2005.
[18] 吴宗宪.切萨雷·龙勃罗梭及其犯罪学研究述评[J].刑法论丛,2007(01).
[19] 乔梁.杀人成瘾与"犯罪基因"[J].百科知识,2012(14).
[20] Curt R.Bartol,Anne M.Bartol.犯罪心理学[M].11版.李玫瑾,等,译.北京:中国轻工业出版社,2018.
[21] 张仁伟,孔克勤.血型与性格关系研究的惠顾与思考[J].心理科学,2002(06).
[22] 张仁伟.血型与人格关系的研究[D].上海:华东师范大学,2003.
[23] 许家驹,邬建民,江三多,等.552例精神分裂症的血型与其性格、病型、家族遗传史关系的调查[J].神经精神疾病杂志,1981(06).
[24] 钟真一,王乃红,欧阳旭伟.街头无偿献血者ABO血型与性格的调查研究[J].中外医学研究,2011(13).

[25] 马德禄,郭文范.血型与犯罪[J].菏泽师专学报(社会科学版),1991,(04).

[26] 毕鸿雁,章恩友.血型与犯罪关系新探[J].青少年犯罪问题,1999(02).

[27] 刘邦惠.犯罪心理学[M].北京:科学出版社,2004.

[28] 彭运石,王玉龙,龚玲,等.家庭教养方式与犯罪青少年人格的关系:同伴关系的调节作用[J].中国临床心理学杂志,2013(06).

[29] 王超.犯罪人的人格差异实证研究[J].江苏警官学院学报,2017(01).

[30] 杨慧芳.女性犯罪者的人格、应付方式、情境因素与犯罪行为的研究[D].上海:华东师范大学,2003.

[31] 张春妹,邹泓.人格与青少年犯罪的关系研究[J].心理科学进展,2006(02).

[32] 李玫瑾,董海.犯罪人格的界定与实证研究[J].中国人民公安大学学报(社会科学版),2008(03).

[33] 党彩萍.以结构方程模型探讨一般智力的结构[D].南京:南京师范大学,2006.

[34] 翟静,郭传琴,刘素娟.违法犯罪少年智力差距环境因素的调查分析[J].山东精神医学,1993(04).

[35] 张明.走向歧途的心灵——犯罪心理学[M].北京:科学出版社,2004.

[36] 应方淦,殷导忠.智力与犯罪关系解读的困惑及出路[J].犯罪与改造研究,2009(06).

[37] 温建辉.非理性犯罪论纲[J].兰州学刊,2014(09).

[38] 高玲,王兴超,杨继平.罪犯社会地位感知与攻击行为:道德推脱的中介作用[J].西北师范大学学报(社会科学版),2012(05).

[39] 王梦露.情绪共情与认知共情的性别角色差异研究[D].西安:西北大学,2017.

[40] 汪广剑,陆伟玲,王焕林,等.情感障碍遗传的性别差异[J].山东精神医学,2004,17(04):220.

[41] 王丽薇.犯罪性别差异的理论犯罪学解读[J].法制与社会,2017(05).

[42] 张宝义.犯罪中的性别差异及比较研究——以21世纪初天津市为背景的研究[J].江苏警官学院学报,2010(05).

[43] 熊谋林,江立华,陈树娇.生命周期研究:性别、年龄与犯罪[J].青少年犯罪问题,2013(01).

[44] 夏菲.论女性杀人犯罪的心理原因及其预防措施[J].公安与司法研究:新疆公安司法管理干部学院学报,1999(02).

[45] 吴中任.175例女性杀人犯的个性分析[J].广西民族大学学报(自然科学版),1995(01).

[46] 李向健.当前我国青少年犯罪规律研究[D].芜湖:安徽师范大学,2012.

[47] 程玉敏.家庭成长环境与青少年犯罪关系实证研究[J].犯罪与改造研究,2018(08).

[48] 路肖肖.儿童期虐待与青少年犯罪关系研究[D].北京:中国人民公安大学,2017.

[49] 聂吉波."留守儿童"犯罪的实证分析——以重庆"留守儿童"犯罪调查数据为样本[D].重庆:西南政法大学,2009.

[50] 李安居.法律保护视角下农村留守儿童行为失范问题的治理[J].安阳工学院学报,2017(03).

[51] 张寒玉,王英.留守儿童犯罪预防初探[J].青少年犯罪问题.2017(05).

[52] 弗兰茨·冯·李斯特.德国刑法教科书[M].徐久生,译.北京:法律出版社,2000.
[53] 李霞.老年人的恋爱和再婚[J].今日科苑,2009(17).
[54] 毕惜茜,马麒.老年犯罪嫌疑人心理及审讯研究[J].山东警察学院学报,2018(04).
[55] 周子璇.老年人犯罪——不容忽视的犯罪主体[J].湖南农机,2006(07).
[56] 孔祥娜,吴亚林,刘宗南,等.农村老年人的精神信仰探析[J].中国健康心理学杂志,2017(02).
[57] 刘明.中国农村老年人犯罪的预防[D].长春:吉林大学,2012.
[58] 高忠丰.暴力型罪犯改造对策的实证研究[D].苏州:苏州大学,2011.
[59] 陈琛.男性青少年罪犯的社会心理学特征及与5-HT相关基因多态性的关联研究[D].长沙:中南大学湘雅二医院,2013.
[60] 蔡竟.青少年暴力犯罪行为心理因素分析及其干预[D].湘潭:湖南科技大学,2017.
[61] 应柳华.暴力犯罪生理机制的研究[J].河南司法警官职业学院学报,2008(03).
[62] 毛旭.激情型暴力犯罪罪犯的人格特征与认知操作能力特点的研究[D].重庆:西南大学,2011.
[63] 彭程.暴力犯罪者对负性情绪信息与攻击性信息的注意偏向研究[D].重庆:西南大学,2012.
[64] 吴鹏森.杀人犯罪的实证分析——以上海近十年来的杀人犯罪案件为例[J].青少年犯罪问题,2013(06).
[65] 蔡雅奇.论故意杀人罪中被害人与犯罪人的互动关系[J].河南警察学院学报,2014(05).
[66] 高维俭,查国防.故意杀人案件中加害人与被害人关系的实证分析[J].中国人民公安大学学报(社会科学版),2006(02).
[67] 吴宗宪.国外系列杀人案件研究概述[J].江西公安专科学校学报,2001(03).
[68] 阿碧.连环杀手[J].检查风云,2012(18).
[69] 邹韶红,张亚林,张勇,等.夫妻暴力社会人口学及社会文化因素的研究[J].中国临床心理学杂志,2010(03).
[70] 曹玉萍,张亚林,杨世昌,等.家庭暴力的表现形式及其相关因素的比较研究[J].中国临床心理学杂志,2008(01).
[71] 黄国平,张亚林,曹玉萍,等.家庭暴力施暴行为与生活事件、社会支持和施暴态度的关系[J].中国心理卫生杂志,2007(12).
[72] 崔轶,洪炜,苏英,等.七省市家庭暴力现状调查及影响因素报告[J].中国临床心理学杂志,2012(03).
[73] 毛金柱.家庭暴力对初中生情绪性问题行为的影响研究[D].重庆:西南大学,2008.
[74] 李芷若,张凡,何先友,等.家庭暴力与中学生心理素质的相关研究[J].心理发展与教育,2007(01).
[75] 柳娜.家庭暴力中严重躯体施暴行为的代际传袭:从心理—社会—精神病理—遗传学角度探讨[D].长沙:中南大学,2011.
[76] 柳娜,陈琛,曹玉萍,等.家庭暴力严重躯体施暴行为的代际传递——目睹家庭暴力[J].中国临床心理学杂志,2015(01).

[77] 刘旭刚,迟希新,徐杏元.国外性犯罪人重新犯罪的风险因素及其评估工具[J].中国性科学,2011(10).

[78] 刘学书,吴音,周维康,等.对188例少年性犯罪调查报告[J].皮肤病与性病,1995(02).

[79] 刘守芬,申柳华.强奸案件的加害与被害——71个强奸案例的法律实证分析[J].犯罪研究,2004(04).

[80] 徐淑慧,苏春景.不同犯罪类型的未成年犯人格特征比较[J].青少年犯罪问题,2018(04).

[81] 杨杰辉.强奸创伤综合征专家证据在美国刑事司法中的引入及其启示[J].中国刑事法杂志,2011(12).

[82] 刘洋.性侵幼女犯罪研究[D].湘潭:湘潭大学,2016.

[83] 刘慧.我国性侵害未成年人犯罪实证研究[D].长春:吉林大学,2016.

[84] 姜敏敏,张积家.恋童癖的病因、评估和治疗[J].中国健康心理学杂志,2008(05).

[85] 庞兴华.变态心理犯罪[J].青少年犯罪问题,1995(01).

[86] 刘斌志,何冰冰.二十年来我国变态问题研究的回顾与前瞻[J].湖北警官学院学报,2018(01).

[87] 张慧,樊旭辉,赵兰.狱中犯人心理状况及个性调查分析[J].中国临床心理学杂志,1998(03).

[88] 张佩,包含金.男性服刑犯人的心理健康状况调查分析[J].黑龙江教育学院学报,2011,30(1).

[89] 杨永强,伊鹏,李凡,等.36例精神病患者犯罪特征法医学分析[J].河南科技大学学报(医学版),2008(02).

[90] 王建平,张宁,王玉龙,等.变态心理学[M].3版.北京:中国人民大学出版社,2018.

[91] 于晓东,江明君,尚庆娟,等.精神分裂症患者的犯罪学特征与刑事责任能力的关系[J].中国法医学杂志,2006(02).

[92] 顾牛范.脑外伤引起的精神病[J].国外医学参考资料·精神病学分册,1976(03).

[93] 吕云平.犯罪心理画像的技术路线[J].湖南公安高等专科学校学报,2008(02).

[94] 王国民,马静华.从现场分析到犯罪重建与犯罪画像——犯罪分析理论述评[J].中国人民公安大学学报,2003(01).

[95] 保罗·布里顿.辨读凶手:一位犯罪心理学大师现场推理实录[M].李斯,译.海口:海南出版社,2001.

[96] 甘莉.犯罪心理画像的理论与应用研究[D].上海:上海大学,2014.

[97] 蹇璐亦.犯罪心理画像的方法——犯罪现场分析法与行为证据分析法之比较[J].河南司法警官职业学院学报,2006(04).

[98] 张磊,张萌,王姝阳,等.犯罪心理画像技术的科学性探索——来自实证研究的证据[J].心理技术与应用,2014(12).